JN087239

「事業承継法」入門

Business
succession
law

入門

鈴木龍介［編著］

中央経済社

推薦のことば

　私たちは，今，かつて経験したことがない構造の変化に直面しています。経営資本が世界規模で移動するグローバル経済の下，AI（人工知能），IoT（モノのインターネット），RPA（ロボット・プロセス・オートメーション），5G（第5世代移動通信システム）に代表される技術革新が飛躍的に進展しコスト構造の変化をもたらし，時間と空間を超えた市場を創造しています。一方で，地球温暖化による気候変動・自然災害・感染症・紛争拡大等の問題（issue）の連鎖がグローバル経済の脆弱性を露呈し，社会経済活動に深刻な影響を及ぼしています。

　そして「Volatility（変動性）」，「Uncertainty（不確実性）」，「Complexity（複雑性）」，「Ambiguity（曖昧性）」の頭字語である『VUCA（ブーカ）』に象徴される時代にあって，日本経済は，新たな価値観の創造と抜本的変革を迫られています。

　とりわけ，経営者の高齢化・後継者難という問題に直面する中小企業における「事業承継」は，日本経済の回復に向けた喫緊の課題です。

　税理士は，顧問先である中小企業・小規模事業者の事業承継ニーズを察知するに最も相応しい存在として，経営者に事業承継の気づきを与え，企業の見える化・魅せる化の指導など円滑な事業承継の推進に主体的な役割が期待されています。そして，日本税理士会連合会においては，こうした中小企業支援の一環として，税理士が中小企業の後継者探しを支援するため，税理士のみが利用できる事業承継情報サイト「担い手探しナビ」を運営しています。

　本書は，事業承継法の入門書として，民法，会社法，税法，信託・成年後

見・登記・許認可等と多岐にわたる関連法令について，その全体像を横断的か
つ簡潔に解説しています。筆者のねらいのとおり，事業承継を自社の戦略に組
み込もうとする経営者のみなさま，金融機関のみなさま，クライアントの事業
承継支援に本格的に取り組もうとする専門士業のみなさまにとって，これから
進めようとする業務に際して，必ずや頼もしいナビゲーターとなってくれるは
ずです。

　編著者である鈴木龍介先生は，司法書士・行政書士として，企業法務に関わ
る専門家であるとともに，慶應義塾大学ロースクールなどで教壇に立つ大学
教員，多くの実務書を執筆する研究者でもあります。そして，私が，20年に
わたって楽しい食事の機会を重ねる友人であり，何よりも最も頼りになる企
業法務の実務家であります。彼の仕事ぶりは，一言でいうと「レジリエンス
（resilience）」であります。それは，いかなる困難や危機的状況にも折れるこ
とない「しなやかな強さ」，「回復力」，「復元力」であり，事業承継の実務にも
通じるものがあります。
　これ以上の言葉を重ねても，私が本書を推薦する理由は他にありません。是
非とも座右に置きたい一冊です。

令和2年7月吉日

髙橋　俊行

税理士・行政書士
千葉商科大学大学院会計ファイナンス研究科　教授
日本税理士会連合会　専務理事
一般社団法人日本経営コーチ協会　常務理事

はしがき

　日本経済の屋台骨を支える中小企業の「事業承継」は，喫緊の重要課題といわれています。

　事業承継には，さまざまな観点での多角的な検討が必要ですが，そのベースとなるものの1つが「法律」です。つまり事業承継も法律の枠組みの中で行わなければならず，事業承継に関連する法律の理解はマストといえます。

　本書『「事業承継法」入門』は，事業承継に関連する多岐多様な法律を「事業承継法」と位置付け，事業承継の検討や実行をするために必要な法的知識を整理し，その基本をマスターしていただくことを主眼としています。

　事業承継法については，民法と会社法がベースとなり，そこに税法がからみ合い，信託等その他の法律が必要に応じて登場してくるというイメージです。

　そのようなことから，本書の構成として，まず「Part 1　前提知識の整理」で事業承継と事業承継法のアウトラインを整理しています。「Part 2　会社法のポイント」，「Part 3　民法・相続のポイント」，「Part 4　民法・契約等のポイント」では事業承継法の中核となる民法と会社法について，事業承継に必要な事項にフォーカスし，具体的かつ実践的に解説しています。「Part 5　税法のポイント」では，事業承継に必要な税法について，現場目線でコンパクトに解説しています。「Part 6　その他関連法のポイント」では，事業承継の手続という面からも欠かすことのできない，「信託」，「成年後見」，「登記」，「許認可」について，そのアウトラインに触れています。なお，各セクションの末尾に関係法令を掲げるとともに，関連や影響がある事項については，☞というかたちで参照いただきたいページを示しています。また，キーワードとなると思われるものについては，太字で強調しています。

　加えて，法律に触れるうえで是非とも知っておいていただきたいルールや考

え方について，各Partのあとに「法律を読み解くためのヒント」というコラム形式で取り上げています。そして，本書はあくまで入門書ですので，さらに検討等を進めるために必要な情報や文献について，「もう少し深く学びたいあなたへ」というコーナーを設け，紹介しています。

　本書の特徴として，1つ目はわかりやすいことと読みやすいことにこだわりました。したがいまして，表記表現は誤解のない範囲で平易なものとし，例外や特則などの記載はあえて割愛しているところも少なくありません。2つ目は記載例や図表を数多く挿入しました。これらにより具体的なイメージをつかんでいただけるのではないかと思います。3つ目は事業承継と各法律の規定等がどのような関係にあるのかということを明らかにしました。各セクションに共通して冒頭の部分に「事業承継との関係」というイントロダクション的なパラグラフを設けています。

　私自身，実務や教育の現場で事業承継に携わる中，本書の読者として，次のみなさんを想定し，本書の企画・執筆に取り組みました。まず，第一に事業承継の対象となる企業の現経営者や後継者，つまり事業承継の当事者の方々です。当事者のみなさんは，法律のプロになる必要はありませんが，それでも基本的な理解がないと大きなミスやロスにつながりかねません。第二に銀行をはじめとする金融機関の方々です。日本の中小企業が資金調達をする手段の大半は金融機関からの融資であり，事業承継を進めるうえでは金融機関との関係は切っても切り離せません。そこで，事業承継の支援者であり理解者になっていただきたい金融機関の役職員の方々にも是非手に取っていただきたいと思っています。第三に法律を学ぶ学生のみなさんです。事業承継自体を学習する場合はもちろんのこと，民法や会社法について事業承継をモチーフとして学習することは有用なアプローチだと思います。加えて事業承継を支援する専門資格者の方です。たとえば司法書士であれば税法の分野を，税理士であれば会社法の分野といったように自分の専門外の知識の補強として本書を利用していただくとと

もに，当事者や金融機関の役職員のみなさんへの事業承継に関するレクチャーなどに使っていただけるものと考えています。

　本書が，以上のようなみなさんの一助となり，事業承継法の理解ひいては事業承継の推進に少しでもお役に立てれば幸いです。

　最後になりますが，本書の出版にあたり多大なご支援をいただきました株式会社中央経済社の和田豊氏に，この場を借りて，感謝の意を表します。

2020年7月

コロナ禍の終息を祈りつつ

鈴 木　龍 介

目次
CONTENTS

■略記■

本書では次のとおり略記します。

・自　　　社：事業承継の対象となる株式会社

　　　　　…設例では「株式会社ABC商事」

・自 社 株 式：事業承継の対象となる会社の株式

・現 経 営 者：現在の経営者（現オーナー）

　　　　　…設例では「山田太郎」

・後 　継　 者：事業承継後の経営者（新オーナー）

　　　　　…設例では「山田一郎」

Part 1

前提知識の整理

1. 事業承継とは

(1) 事業承継の意味

　事業承継とは，現経営者から，事業に直接的・間接的に関係する「ヒト」や「モノ」（有形・無形を問いません）を，ムリなく・ムダなく後継者に引き継がせることです。

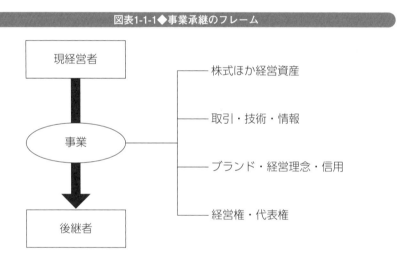

図表1-1-1◆事業承継のフレーム

　事業承継の対象となる事業体としては，会社以外にも各種の法人や個人事業もありますし，その規模や業態もさまざまです。

　本書ではわかりやすさとニーズという観点から，その中から絶対公約数的であるといえる，**中小企業**である**株式会社**にフォーカスすることにします。

(2)　事業承継で大切なこと

①　事業の魅力

　事業承継が進まない大きな要因の1つに後継者難があります。なぜ，後継者がいない，見つからないかというと，いろいろな事情はあるものの，一番は承継する事業に魅力がないということに尽きると思います。つまり，苦労が多く，儲からない事業では誰も引き継ぎたがらないですし，現経営者としても引き継がせたいとは思わないはずです。そこで，事業承継にあたって，現経営者は，その対象となる事業を魅力的に磨き上げることが必須ということになります。

　この磨き上げには，現状で利益をあげ，財務基盤を強化するということも重要ですが，将来的に見ても有望であり，事業として継続性があるということも大事です。さらに，現経営者は，会社の問題点などを解消し，経営体制をスッキリとわかりやすくしておくことにも力を注ぐべきです。

②　後継者の存在

　後継者がいなければ事業承継は話にならないわけですが，事業に魅力があれば後継者は必ずみつかります。ただ，後継者が適任であるかどうかは別の問題です。仮に適任でない後継者であるとすると，いくら魅力的な事業であっても，結局，その事業は立ち行かなくなってしまいます。

　一方で，最初から現経営者と同じように経営ができる後継者はまれだと思います。後継者は，絶対的に経験値と信用度で現経営者にはかないません。そこで，潜在的にポテンシャルのある，将来性のある後継者を見出すことが重要になってきます。

　加えて，どのタイミングで現経営者から後継者にバトンタッチするかということも考える必要があります。つまり，いつ経営のトップである社長を現経営者から後継者に交代するかということです。多くの現経営者は何かと先延ばしをする傾向が見えますが，物事には旬というものがあります。

③　気持ちの問題

　人はよく感情の生き物などといいますが，事業承継でも，この感情＝気持ちの部分は見過ごせません。親から子への事業承継はある種の理想形といえるかもしれませんが，後継者以外の子からすると，相続の仕方等々で不公平感を抱き，あらぬ親族内対立を生むこともあります。また，若い後継者と古参の幹部従業員との摩擦や衝突なども気持ちの問題が背後にあることが少なくありません。そして，当事者である現経営者と後継者間でも，"譲ってやる"，"継いでやった"という気持ちではうまくいかないように思います。そんなとき，以前，ある公認会計士さんが事業承継の心構えとして「**渡すバトンに愛をこめて，受けるバトンに感謝をこめて**」ということを言われていましたが，まさにこのフレーズは事業承継の真髄であるといえます。

(3)　事業承継の検討とスキーム

　事業承継を検討するにあたって，まずはその事業を継続するか否かを決めることから始めることになります。この決定自体も容易ではなく，利益や資産といったように数値で測れるものだけでなく，それにかかわる人たちの気持ちや生活といった点も考慮に入れる必要があります。

　検討の結果，事業を継続するということになった場合，誰がその事業を承継するかということになりますが，一般的に承継の候補としては，ⅰ）**親族**，ⅱ）**役職員**，ⅲ）**第三者**という順で検討することになると思われます。なお，親族であっても，その関係性も重要で，たとえば現経営者の推定相続人である実子なのか，相続人ではない兄弟や甥姪なのかで，民法や税法の取扱いもずいぶんと変わってくることになります。また，第三者への承継ということは，事業売却すなわちM＆Aということになります。

図表1-1-2◆事業承継のスキーム

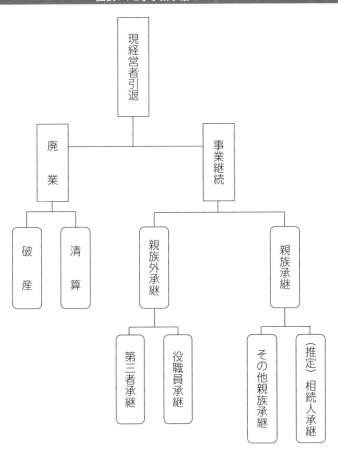

⑷　事業承継の流れ

　事業承継までのステップは，各社各様ではありますが，おおよそ【図表1-1-3◆事業承継までのステップ】のような流れになります。

図表1-1-3◆事業承継までのステップ

現状の把握
⇩
事業継続の検討
⇩
後継者の検索・決定
⇩
承継計画の企画・立案
⇩
各承継施策の実行
⇩
事業承継
⇩
フォローアップ

2. 事業承継の背景

(1) 「中小企業」を取り巻く状況

　まず，事業承継のメインのターゲットである我が国の中小企業について，確認しておきたいと思います。

　中小企業の定義は1つに限られませんが，中小企業の保護や育成を図ることを目的とする「**中小企業基本法**」では，【図表1-2-1◆中小企業の定義】のとおり業種別に資本金と従業員数とで中小企業の対象を定めています。

図表1-2-1◆中小企業の定義

業　種	要　　件
製造業その他	資本金3億円以下　or従業員300人以下
卸売業	資本金1億円以下　or従業員100人以下
小売業	資本金5千万円以下or従業員50人以下
サービス業	資本金5千万円以下or従業員100人以下

　中小企業である株式会社を会社法という観点で位置付けるとしたら，公開会社でない会社（**非公開会社**：株式の全部に譲渡制限が設定）であり，かつ大会社でない会社（**非大会社**：資本金が5億円未満かつ負債が200億円未満）ということになると思われます。

　以上を踏まえ，本書では，非公開会社かつ非大会社である中小企業を対象とすることにします。

　次に，日本の中小企業の数に目を転じてみますと，約420万を数える企業のうち99％超を占めるといわれています。そのような中小企業ですが，平成11（1999）年以降減少傾向にあり，その大きな要因の1つとして，現経営者の高齢化とともに事業承継が円滑に進んでいないことがあげられています。このまま中小企業の減少に歯止めがかからなければ国の活力にも大きな影響を及ぼす

ことになるのは必至です。

(2) 事業承継の重要性

事業承継ができないということになると，結果として企業は廃業ということになります。そうなった場合，具体的にはどういう問題が生じるかを考えてみたいと思います。

① 雇用の喪失

企業には，そこで働く人たちがいます。廃業ということになると，その人たちが仕事を失い，その家計にも大きな影響を与えることになります。

② 企業の価値・資産の散逸

企業には，それまで培ってきた信用・ノウハウといった価値や，工場・機械といった資産があります。廃業ということになると，そういった価値や資産がなくなったり，バラバラになってしまいます。

③ ビジネス機会の減少

企業はモノを作ったり，サービスを提供することで利益をあげているわけですが，そこには仕入先や販売先というものがあります。廃業ということになりますと，その企業の仕入先や販売先の仕事がなくなるということを意味します。また，企業が事業を行うには資金調達が不可欠ですが，中小企業に対して融資をしていた金融機関は貸出先がなくなるということになります。

その他，産業そのものや地域全体の衰退ということにつながりかねない場合もあります。

⑶　事業承継のための施策

　政府も事業承継の重要性を踏まえ，「中小企業における経営の承継の円滑化に関する法律（経営承継円滑化法）」を制定し，民法上の遺留分制度の特則（☞　「⑹遺留分」（75ページ）），代表者交代に伴う信用不安の解消，自社株式の承継に対する税負担の軽減といったものへの解決策を講じています。さらに，ニーズが大きいといわれている税負担に関しては，税制上の優遇措置を拡充しています（☞　「4．事業承継税制」（111ページ〜））。

　中小企業の育成と発展を担う中小企業庁は，事業承継を円滑に行うためのノウハウや活用すべきツールをまとめた「事業承継ガイドライン」を公表しています。

3. | 事業承継法とは

(1)　事業承継法の意味

　本書のタイトルにもなっています「事業承継法」ですが，単独の法律ではありません。また，金融法や担保法といったように総称として一般化されているものともいえません。

　一方で，事業承継は関係する各種の法律の枠組みの中で検討し，実行していく必要があります。そこで，それらの法律をまとめて「事業承継法」と位置付けてみました。

　事業承継法に属する法律には多種多様なものがありますが，「民法」・「会社法」・「税法」がベースとなる法律といってよいでしょう。

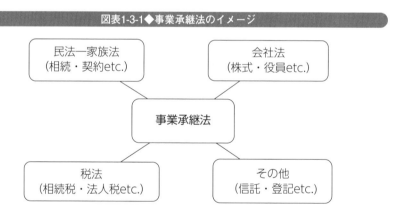

図表1-3-1◆事業承継法のイメージ

(2)　民　法

　民法は，わたしたちの生活やビジネスの基本となる法律です。

　事業承継の場面では，物や契約のルールである「財産法」といわれるパート

や，親族や相続のルールである「家族法」といわれているパートがしばしば登場することになります。

財産法のうち債権関係分野については，民法制定以来120年ぶりに全般的な見直しがなされ，原則として令和2（2020）年4月1日から施行されました。

家族法のうち相続関係分野についても，現代の生活や意識にマッチするような大幅な改正がなされ，原則として令和元（2019）年7月1日から施行されました。

図表1-3-2◆民法の構成

第1編	総則	第3章	事務管理
第1章	通則	第4章	不当利得
第2章	人	第5章	不法行為
第3章	法人	**第4編**	**親族**
第4章	物	第1章	総則
第5章	法律行為	第2章	婚姻
第6章	期間の計算	第3章	親子
第7章	時効	第4章	親権
第2編	**物権**	第5章	後見
第1章	総則	第6章	保佐及び補助
第2章	占有権	第7章	扶養
第3章	所有権	**第5編**	**相続**
第4章	地上権	第1章	総則
第5章	永小作権	第2章	相続人
第6章	地役権	第3章	相続の効力
第7章	留置権	第4章	相続の承認及び放棄
第8章	先取特権	第5章	財産分離
第9章	質権	第6章	相続人の不存在
第10章	抵当権	第7章	遺言
第3編	**債権**	第8章	配偶者の居住の権利
第1章	総則	第9章	遺留分
第2章	契約	第10章	特別の寄与

　民法は基本となる一般法ですので，そこから派生する多くの特別法が設けられています。

図表1-3-3◆民法の制定・改正のあゆみ	
明治31（1898）年	現行民法の施行
昭和22（1947）年	家族法の全面的な見直し
昭和46（1971）年	根抵当権に関する規定の創設
平成11（1999）年	成年後見に関する規定の創設
平成16（2004）年	条文の現代語化
	保証に関する規定の見直し
平成18（2006）年	法人に関する規定の全面的な見直し
平成29（2017）年	債権に関する規定の大幅な見直し
平成30（2018）年	相続に関する規定の大幅な見直し

図表1-3-4◆民法の特別法のあゆみ	
明治32（1899）年	「不動産登記法」の制定
	「商法」の制定
大正10（1921）年	「借地法」・「借家法」の制定
昭和37（1962）年	「建物の区分所有等に関する法律」の制定
平成3（1991）年	「借地借家法」の制定
平成10（1998）年	「債権譲渡の対抗要件に関する民法の特例等に関する法律」の制定
平成11（1999）年	「任意後見契約に関する法律」の制定
平成12（2000）年	「消費者契約法」の制定
平成16（2004）年	「不動産登記法」の全面的な見直し
平成17（2005）年	「会社法」の制定
平成18（2006）年	「一般社団法人及び一般財団法人に関する法律」の制定

⑶　会社法

　会社法は，会社の組織・運営・管理といった会社に関する法律です。もとも

とは商法に組み込まれていた会社に関するルールについて，平成17（2005）年にあらたな単独の法律として制定されました。

　事業承継の場面では，全般にわたり登場することになります。

図表1-3-5◆会社法の構成

第1編　総則		第4編　社債	
第1章	通則	第1章	総則
第2章	会社の商号	第2章	社債管理者
第3章	会社の使用人等	第2章の2	社債管理補助者
第4章	事業の譲渡をした場合の競	第3章	社債権者集会
	業の禁止等	第5編　組織再編，合併，会社分割，株式交換，株式移転及び株式交付	
第2編　株式会社		第1章	組織変更
第1章	設立	第2章	合併
第2章	株式	第3章	会社分割
第3章	新株予約権	第4章	株式交換及び株式移転
第4章	機関	第4章の2	株式交付
第5章	計算等	第5章	組織変更，合併，会社分割，株式交換，株式移転及び株式交付の手続
第6章	定款の変更		
第7章	事業の譲渡等		
第8章	解散		
第9章	清算		
第3編　持分会社		第6編　外国会社	
第1章	設立	第7編　雑則	
第2章	社員	第1章	会社の解散命令等
第3章	管理	第2章	訴訟
第4章	社員の加入及び退社	第3章	非訟
第5章	計算等	第4章	登記
第6章	定款の変更	第5章	公告
第7章	解散		
第8章	清算	第8編　罰則	

※　令和元年改正後のもの

⑷　税　法

　憲法にうたわれている国民の三大義務の1つが納税ですが，課税や徴税は法律に基づいて行われます。それらの法律の総称が「税法」です。税法による，いわゆる税目は多岐にわたりますが，【図表1-3-6◆税目の分類】のように分類することができます。

　事業承継の場面では，「所得税」・「相続税」・「贈与税」がしばしば登場することになります。

　税法の特徴としては，政策的な観点から頻繁に改正されるとともに，各種の特例措置が多いということがいえます。

図表1-3-6◆税目の分類

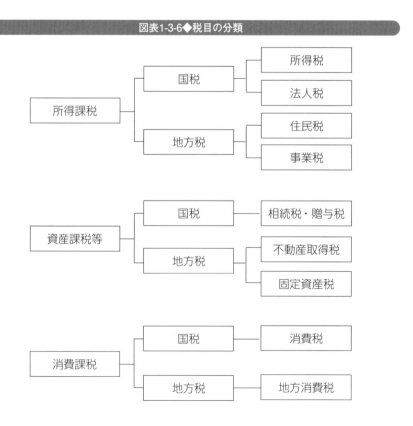

---法律を読み解くためのヒント①---

法令の意味

　よく耳にする「法令」とは，「法律」・「政令」・「省令」の総称です。

　「**法律**」とは国会（衆議院・参議院）での審議・議決を経て制定や改正がなされます。ちなみに民法や会社法は法律です。

　「**政令**」とは法律の**委任**に基づき**内閣**が発する重要なルールを定めた命令です。なお，国会での審議・議決は必要ありません。たとえば，会社法における「会社法施行令」が政令ということになります。また，法律の施行日の決定の多くは政令で定められます。

　「**省令**」とは法律・政令の**委任**に基づき法律を所管する**省庁（大臣）**が発する細かなルールを定めた命令です。なお，国会での審議・議決は必要ありません。たとえば，会社法における「会社法施行規則」が（法務）省令ということになりますが，会社法は300を超える省令委任がなされています。ちなみに法律の委任とは以下のような関係です。

会社法第318条（議事録）

　第1項　株主総会の議事については，<u>法務省令で定めるところにより</u>，議事録を作成しなければならない。

会社法施行規則第72条（議事録）

　第1項　<u>法第318条第1項の規定による</u>株主総会の議事録の作成については，この条の定めるところによる。

Part 2

会社法のポイント

1. 株　式

(1)　事業承継との関係

　株式の性質には，まず**財産権**という「顔」があります。株式という財産を売買や贈与といったかたちで譲渡することもできますし，相続財産の一部を構成することにもなります。もう1つは**経営権**，すなわち**会社の支配権**という「顔」があります。保有している株式の数によって会社の経営をコントロール（支配）できるということです。つまり，会社の意思決定は株主総会での議決権の行使によるわけですが，議決権の数は保有している株式の数に紐づくのが原則です。

　事業承継の場面では，後継者が自社株式を現経営者からどのように引き継ぐかということが問題になります。つまり事業承継を行うためには会社の大株主でもある現経営者から何らかのかたちで後継者に自社株式を移動させる必要があるということです。自社株式は，「**経営のパスポート**」であって，事業承継の最重要アイテムの1つであるといえます。

(2)　株　主

①　株主平等の原則

　会社は，株主をその有する株式の**内容**と**数**に応じて，平等に取り扱わなければなりません。これを「**株主平等の原則**」といいます。

　株主平等の原則の例外としては，非公開会社が採用することができる，いわゆる**属人的定め**というものがあります。これは，会社の根本規律である**定款の定め**により，株主の基本的な権利であるｉ）剰余金の配当を受ける権利，ⅱ）残余財産の分配を受ける権利，ⅲ）株主総会における議決権について，株主ごとで差を設けることができるというもので，事業承継の場面でも，株主である

現経営者や後継者を対象にした利用が考えられます。

② 株主名簿

　株主とは，株式を保有しているヒトであり，会社のオーナーということになります。株式を持っている者が誰なのか，そして何株を持っているかがはっきりしないようでは何事も始まりません。それを明らかにするためのものが「株主名簿」です。

　株主に異動があったり，住所に変更があったりした場合には，株主名簿の書換えを行うことになります。したがって，株式という面での事業承継の第一歩は，株主名簿の整備といえます。

記載例2-1-1◆株主名簿

令和○年3月31日現在

株式会社ABC商事　株主名簿

番号	氏名又は名称	住所	株式数	株式取得年月日	備考
1	山田　太郎	東京都千代田区麹町○丁目△番地	4,200株	昭和○年3月5日	株券不発行
2	田中　二郎	神奈川県鎌倉市大町○丁目△番□地	100株	昭和○年7月5日	株券不発行
3	佐藤　三郎	東京都港区南青山○丁目△番□号	100株	年月日不詳	株券不発行
4	藤田　五郎	東京都文京区小石川○丁目△番□号	50株	平成○年6月20日	株券不発行
5	石田　六郎	埼玉県川口市南町○丁目△番□号	50株	令和○年9月1日	株券不発行
			4,500株		

(3)　株　券

　株券とは，株主の地位である株式を表す**有価証券**です。

　会社法では株券を発行しないのが原則です。ただし，株券を発行することを

定款で定めた会社（株券発行会社）は株券を発行することができます。なお，非公開会社の場合，株券発行会社であっても株主の請求があるまでは，現実に株券の発行をしないこともできますが，株式の譲渡には株券の交付が要件となるため，その際には株券の発行が必要になります。

　株券発行会社は，定款を変更することにより株券を廃止することも可能です。

⑷　株式の譲渡

①　株式譲渡自由の原則

　株主は，保有する株式を自由に譲渡することができるというのが「**株式譲渡自由の原則**」です。これは，株主にとって投下した資本を回収する手段として位置付けられるものですが，会社サイドからすると突然，見ず知らずの者が株主となって経営に参画する可能性があることを意味します。なお，ここでいう「譲渡」とは売買・贈与等の**特定承継**（⇔包括承継：相続や合併）によって株主の地位が移転することを指します。

②　株式の譲渡制限

　家族や友人等で経営する閉鎖的な中小企業の場合，会社にとって好ましくない者が株主となって経営に参画されることを望まないということも少なくありません。そこで，会社法では株式譲渡自由の原則との調整を図るものとして，株式の譲渡制限という制度が設けられています。

　株式の譲渡制限とは，定款の定めに基づき，株式を譲渡する場合には会社の承認を要するというもので，このような内容の株式を**譲渡制限付株式**といいます。そして，発行している株式の全部が譲渡制限付株式である会社を**非公開会社**といっています。たとえば，100株の株式を発行している会社で，その内訳として99株が譲渡制限付株式，1株が譲渡制限のない株式である場合には，その会社は非公開会社ではなく，公開会社ということになります。

③ 譲渡制限付株式の譲渡

☞ 「(3)譲渡制限付株式の売買」（85〜88ページ），「(4)譲渡制限付株式の贈
与」（91〜93ページ）

(5) 募集株式の発行

① 目 的

会社は，設立時に株式を発行しなければなりませんが，その後も必要に応じ
て株式を発行することができます。これを「募集株式の発行」といい，その主
要な目的は会社の**資金調達**でなければならないとされています。

一方で，募集株式を発行することで会社の支配権が異動する場合があります。
たとえば，Aさんが全株式である100株を持っている会社は，Aさんが支配し
ているわけですが，募集株式の発行によりBさんが新たに200株を引き受けた
とすると，この会社の支配権はAさんからBさんに移ることになります。これ
を事業承継の場面に落とし込んでみると，募集株式の発行により後継者の持株
数を増やすことで，結果的に後継者が会社の支配権を握ることができます。

② 種 別

募集株式の発行というと「公募」というイメージを持つかもしれませんが，
特定の者に株式を割り当てる「第三者割当て」や，既存の株主に対してその比
率を変えることなく株式を割り当てる「株主割当て」を含みます。

中小企業の場合，第三者割当てによることが多いように思われます。

③ 手 続

募集株式の発行（第三者割当て）の手続は，以下のとおりです。

(a) 募集事項の決定

会社は次の募集事項を決定します。決定するのは機関設計や定款の定めに
応じて株主総会または取締役会の決議によることになります。

ⅰ）募集株式の数
ⅱ）募集株式の払込金額（算定方法）
ⅲ）現物出資の場合，当該財産の内容と価額
ⅳ）払込期日（期間）
ⅴ）増加資本金・資本準備金に関する事項

⒝　申込み・割当て・引受け

　募集に応じて株式の引受けの申込みがなされ，その申込みに対して会社が割当てを行います。割当てを受けた者は，募集株式の引受人となり，会社に対して出資する義務を負うことになります。

　募集株式を引き受けようとする者がその総数の引受けを行う契約（総数引受契約）を締結した場合には，申込みと割当てを要することなく，引受人となることができます。

⒞　出資の履行

　募集株式の引受人は，払込期日（払込期間）に，金銭の場合には会社が定めた**銀行等**の払込取扱場所に払込みをしなければなりません。

⒟　効力発生と登記

　募集株式の引受人は，払込期日が定められた場合にはその日に，払込期間が定められた場合には現実に出資をした日に，株主となります。

　募集株式の発行をした場合，「発行済株式の総数」と「資本金の額」が増加しますので，登記が必要となります。

募集株式総数引受契約書

令和○年7月2日

（甲）株式引受人　　　東京都渋谷区代々木○丁目△番□号
　　　　　　　　　　　山田　一郎　㊞

（乙）本　　店　　　　東京都新宿区西新宿○丁目△番□号
　　　商　　号　　　　株式会社ＡＢＣ商事
　　　代表取締役　　　山田　太郎　㊞

　甲は，乙に対し，下記内容で募集株式総数引受契約の締結を申し込み，乙は
これを承諾した。

記

1．募集株式の数　　　　　普通株式　　　1,000株
2．募集株式の払込金額　　1株につき　　　金2万円
3．払込期日　　　　　　　令和○年7月31日
4．増加する資本金及び資本準備金に関する事項
　　①増加する資本金　　　1株につき金1万円
　　②増加する資本準備金　1株につき金1万円
5．払込みの取扱い場所　　（所在地）東京都中央区銀座○丁目△番□
　　　　　　　　　　　　　（名　称）帝国信託銀行株式会社　本店営業部
　　　　　　　　　　　　　（口　座）普通預金0123456

⑹　種類株式

　通常，株式の権利の内容は同一ですが，会社の根本規律である**定款の定め**により異なるオプションをつけた株式を発行することが認められています。これを「種類株式」といいます。無色透明な普通株式に対し，色のついた別の株式が存在するというイメージで，譲渡制限付株式も種類株式の1つです。

　たとえば，事業承継の場面で，会社が発行している株式のうち後継者が承継する株式を除いた残りを議決権のない種類株式に転換するということも可能です。そうすることで，後継者がすべての議決権を持つことになり，結果的に会社の支配権を握ることができます。

　種類株式については，その内容を登記する必要があります。

図表2-1-3◆種類株式一覧

号	種類株式	内　　容
1	剰余金配当	剰余金の配当について優先or劣後
2	残余財産分配	残余財産の分配について優先or劣後
3	議決権制限付	一定の事項のみ決議に参加可（無議決権の場合もあり）
4	譲渡制限付（※）	当該株式の譲渡による取得について会社の承認が必要
5	取得請求権付（※）	株主が会社に当該株式の取得請求可
6	取得条項付（※）	会社が一定の事由が生じた場合に当該株式を取得可
7	全部取得条項付	株主総会決議により当該株式の全部を取得
8	拒否権付	ある事項につき当該株式による種類株主総会の決議が必要
9	取締役等の選解任	取締役，監査役の選解任可（ただし，公開会社・委員会設置会社は不可）

（※）単独発行が可能

⑺　自己株式

　会社は自らが発行した株式について，一定の財源規制はあるものの，それを取得し，保有することができます。この会社が保有する株式のことを「自己株式」といいます。

　特定の株主を対象に自己株式を取得した場合，支配権が異動することがあります。たとえば，事業承継の場面で，会社が発行している株式のうち後継者以外の株主から会社が自己株式を取得した場合には，後継者がすべての株式を保有することとなり，結果的に会社の支配権を握ることになります。

　会社は，取得した自己株式を保有し続けることもできますし，募集株式の発行と同様の手続により自己株式の処分をすることもできます。また，取得した自己株式を完全になくしてしまう自己株式の消却をすることもできます。

⑻　相続人に対する売渡請求

　会社は，定款の定めに基づき，株主に相続が発生した場合にその相続人に対して株式を売り渡すよう請求することができます。すなわち，会社はある意味で強制的に株式を買い取ることができるわけです。

　たとえば，後継者以外の株主，特に疎遠となっている株主が保有する株式については，その株主の相続を機会に会社が買い取ることで，株主（株式）の分散を回避でき，経営のコントロールがしやすくなります。

〈参照すべき法律〉
・会社法「第2編　株式会社」
　　　　　「第2章　株式」（104条～235条）

2. 定 款

(1) 事業承継との関係

　「定款」とは，会社の目的，組織ならびにその業務執行に関する**自治規範**として必須の**根本規律**です。定款の定めは自社の株主や役員も従わなければならない，法令に準ずるルールといえます。

　事業承継の場面では，まず定款が法令はもちろんのこと，自社の実情にマッチしているかをチェックしメンテナンスをする必要があります。そのうえで，後継者が承継した場合に，どのような内容の定款にするのがよいかを検討することになります。

(2) 定款の記載事項

　定款には，目的や商号といった，どんな会社でも絶対に記載しなければならない事項（**絶対的記載事項**）というものがあります。また，種類株式や株券発行といった，会社法で定款の定めがなければ効力が生じないとされている事項（**相対的記載事項**）というものがあります。さらに，法令等に反しない限り，たとえば事業年度など会社の実情に応じた事項（**任意的記載事項**）を記載することができます。

(3) 定款の変更

　定款は，自社の実情に応じて変更することが可能ですが，その変更は会社のオーナーともいえる株主の意思を尊重する必要があるため**株主総会の特別決議**（☞「③決議の方法」（41ページ））が必要となります。

図表2-2-1◆定款の記載事項	
絶対的記載事項	目的
	商号
	本店の所在地
	発行可能株式総数
相対的記載事項（主なもの）	株式の内容（種類株式）
	単元株式
	株主総会決議の定足数等
	取締役・監査役の任期
	累積投票制度の排除
	取締役会の招集通知の期間の短縮
	取締役会の定足数・決議要件の加重
	公告方法
任意的記載事項（主なもの）	定時株主総会の招集時期
	基準日
	事業年度
	取締役・監査役の数

記載例2-2-2◆定款

定　　　款

第1章　総　則

（商　号）
第1条　当会社は，株式会社ＡＢＣ商事と称する。

（目　的）
第2条　当会社は，次の事業を営むことを目的とする。
　　(1)　不動産の売買，賃貸，仲介および管理に関する業務

　　(2)　不動産に関するコンサルティング業務
　　(3)　前各号に附帯する一切の業務

(本店の所在地)
第3条　当会社は，本店を東京都新宿区に置く。

(機関構成)
第4章　当会社は，取締役会および監査役を置く。
　②　当会社の監査役の監査の範囲は，会計に限定するものとする。

(公告方法)
第5条　当会社の公告は，官報に掲載してする。

第2章　　株　　式

(発行可能株式総数)
第6条　当会社の発行可能株式総数は，1万株とする。

(株券の不発行)
第7条　当会社の株式については，株券を発行しない。

(株式の譲渡制限)
第8条　当会社の株式を譲渡により取得するには，取締役会の承認を要する。

(相続人等に対する株式の売渡し請求)
第9条　当会社は，相続その他の一般承継により当会社の株式を取得した者に対し，当該株式を当会社に売り渡すことを請求することができる。

(株主名簿記載事項の記載の請求)
第10条　株式取得者が株主名簿記載事項を株主名簿に記載することを請求するには，当会社所定の書式による請求書に，その取得した株式の株主として株主名簿に記載された者またはその相続人その他の一般承継人および株式取得者が署名または記名押印し，共同して請求しなければならない。
　　ただし，法令に別段の定めがある場合には，株式取得者が単独で請求

することができる。

（質権の登録および信託財産の表示）

第11条　当会社の株式につき質権の登録または信託財産の表示を請求するには，当会社所定の書式による請求書に当事者が署名または記名押印して提出しなければならない。その登録または表示の抹消についても同様とする。

（基準日）

第12条　当会社は，毎事業年度末日の最終の株主名簿に記載された議決権を有する株主（以下，「基準日株主」という。）をもって，その事業年度に関する定時株主総会において権利を行使することができる株主とする。ただし，当該基準日株主の権利を害しない場合には，当会社は，基準日後に，募集株式の発行等，吸収合併，株式交換または吸収分割等により株式を取得した者の全部または一部を，当該定時株主総会において権利を行使することができる株主と定めることができる。

②　前項のほか，株主または登録株式質権者として権利を行使することができる者を確定するため必要があるときは，取締役会の決議により，臨時に基準日を定めることができる。ただし，この場合には，その日を2週間前までに公告するものとする。

（株主の住所等の届出等）

第13条　当会社の株主，登録株式質権者またはその法定代理人もしくは代表者は，当会社所定の書式により，その氏名または名称および住所ならびに印鑑を当会社に届け出なければならない。届出事項等に変更を生じた場合も，同様とする。

②　当会社に提出する書類には，前項により届け出た印鑑を用いなければならない。

（募集株式の発行等）

第14条　募集株式の発行等に必要な事項の決定は，本定款第18条第2項に定める株主総会の決議によってする。

②　前項の定めにかかわらず，本定款第18条第2項に定める株主総会の決

議によって，募集株式の数の上限および払込金額の下限を定めて募集事
項の決定を取締役会に委任することができる。

③　株主に株式の割当てを受ける権利を与える場合には，募集事項および
会社法第202条第1項各号に掲げる事項は，取締役会の決議により定める。

第3章　　株主総会

（招　集）

第15条　当会社の定時株主総会は，毎事業年度末日の翌日から3か月以内に招
集し，臨時株主総会は，必要に応じて招集する。

②　株主総会は，法令に別段の定めがある場合を除くほか，取締役会の決
議により社長がこれを招集する。社長に事故，もしくは支障があるときは，
あらかじめ定めた順序により他の取締役がこれを招集する。

③　株主総会を招集するには，会日より1週間前までに，株主に対して招
集通知を発するものとする。

（招集手続の省略）

第16条　株主総会は，その総会において議決権を行使することができる株主全
員の同意があるときは，会社法第298条第1項第3号または第4号に掲げ
る事項を定めた場合を除き，招集手続を経ずに開催することができる。

（議　長）

第17条　株主総会の議長は，社長がこれに当たる。社長に事故，もしくは支障
があるときは，あらかじめ定めた順序により，他の取締役がこれに代わる。

（決議の方法）

第18条　株主総会の決議は，法令または本定款に別段の定めがある場合を除き，
出席した議決権を行使することができる株主の議決権の過半数をもって
行う。

②　会社法第309条第2項に規定する株主総会の決議は，議決権を行使する
ことができる株主の議決権の過半数を有する株主が出席し，出席した当
該株主の議決権の3分の2以上に当たる多数をもって行う。

（株主総会の決議の省略）

第19条　株主総会の決議の目的たる事項について，取締役または株主から提案
　　　　があった場合において，その事項につき議決権を行使することができる
　　　　すべての株主が，書面によってその提案に同意したときは，その提案を
　　　　可決する旨の株主総会の決議があったものとみなす。

（議決権の代理行使）

第20条　株主またはその法定代理人は，当会社の議決権を有する株主または親
　　　　族1名を代理人として，議決権を行使することができる。ただし，この
　　　　場合には，株主総会ごとに代理権を証する書面を提出しなければならない。

（株主総会議事録）

第21条　株主総会の議事については，法令に規定する事項を記載した議事録を
　　　　作成し，10年間当会社の本店に備え置くものとする。

第4章　　取締役，取締役会，代表取締役および監査役

（取締役の員数）

第22条　当会社の取締役は，3人以上とする。

（資　格）

第23条　当会社の取締役は，当会社の株主の中から選任する。

　　　②　前項の定めにかかわらず，議決権を行使することができる株主の議決
　　　　権の過半数をもって，株主以外の者から選任することを妨げない。

（取締役の選任および解任の方法）

第24条　当会社の取締役の選任は，株主総会において議決権を行使することが
　　　　できる株主の議決権の3分の1以上を有する株主が出席し，出席した当
　　　　該株主の議決権の過半数をもって行う。

　　　②　取締役の選任については，累積投票によらない。

　　　③　取締役の解任は，本定款第18条第2項に定める株主総会の決議によっ
　　　　て行う。

（取締役の任期）

第25条　取締役の任期は，選任後10年以内に終了する事業年度のうち最終のものに関する定時株主総会の終結の時までとする。

　　②　任期満了前に退任した取締役の補欠として，または増員により選任された取締役の任期は，前任者または他の在任取締役の任期の残存期間と同一とする。

（役付取締役および代表取締役）

第26条　取締役会の決議により，取締役の中から，社長1人を選定し，必要に応じて専務取締役，常務取締役各若干名を選定することができる。

　　②　社長は代表取締役とする。ただし，取締役会の決議をもって，社長のほかに前項の役付取締役の中から会社を代表する取締役を定めることができる。

（業務執行）

第27条　社長は会社の業務を統轄し，専務取締役および常務取締役は社長を補佐し，定められた事務を分掌処理し，日常業務の執行に当たる。

　　②　社長に事故があるときは，取締役会において，あらかじめ定めた順序により他の取締役が社長の業務を代行する。

（取締役会の招集通知）

第28条　取締役会は，社長が招集し，会日の3日前までに各取締役に対して招集の通知を発するものとし，緊急の場合にはこれを短縮することができる。

　　②　取締役全員の同意があるときは，招集の通知をしないで取締役会を開催することができる。

（取締役会の決議）

第29条　取締役会の決議は，議決に加わることができる取締役の過半数が出席し，その過半数をもって行う。

（取締役会の決議の省略）

第30条　取締役が取締役会の決議の目的である事項について提案をした場合に

おいて，当該提案につき議決に加わることができる取締役の全員が書面
により同意の意思表示をしたときは，当該提案を可決する旨の取締役会
の決議があったものとみなす。

（取締役会議事録）

第31条　取締役会の議事については，法令に規定する事項を記載した議事録を
作成し，10年間当会社の本店に備え置くものとする。

（監査役の員数）

第32条　当会社の監査役は，１人以上とする。

（監査役の選任および解任の方法）

第33条　当会社の監査役の選任は，株主総会において議決権を行使することが
できる株主の議決権の３分の１以上を有する株主が出席し，出席した当
該株主の議決権の過半数をもって行う。

②　監査役の解任は，本定款第18条第２項に定める株主総会の決議によっ
て行う。

（監査役の任期）

第34条　監査役の任期は，選任後10年以内に終了する事業年度のうち最終のも
のに関する定時株主総会の終結の時までとする。

②　任期の満了前に退任した監査役の補欠として選任された監査役の任期
は，退任した監査役の任期の満了する時までとする。

（報酬等）

第35条　取締役および監査役の報酬，賞与その他の職務執行の対価として当会
社から受ける財産上の利益は，株主総会の決議によって定める。

第5章　　計　　算

（事業年度）

第36条　当会社の事業年度は，毎年４月１日から翌年３月31日までとする。

（剰余金の配当）

第37条　剰余金の配当は，毎事業年度末日現在における株主名簿に記載された
　　　　株主または登録株式質権者に対して行う。

（中間配当）

第38条　当会社は，取締役会の決議により，毎年３月31日における最終の株主
　　　　名簿に記載された株主または登録株式質権者に対して中間配当を行うこ
　　　　とができる。

（剰余金の配当等の除斥期間）

第39条　剰余金の配当および中間配当は，支払開始の日から満３年を経過して
　　　　も受領されないときは，当会社はその支払義務を免れるものとする。

〈参照すべき法律〉
・会社法「第２編　株式会社」
　　　　「第１章　設立」
　　　　「第２節　定款の作成」（26条〜31条）
　　　　「第６章　定款の変更」（466条）

3. 機関・役員

⑴　事業承継との関係

　会社は法律により人格が与えられ，権利義務の主体となることができる法律上のヒト，すなわち「法人」ということになりますが，会社自身が実際の意思決定や業務執行をできるわけではありません。そこで，それらを行うための期間や役員というものが必要になってきます。一般的に人的な資源に乏しい中小企業では，良くも悪くも役員，とりわけ社長の資質や能力が経営に大きな影響を及ぼすことになります。

　事業承継の場面では，株式を現経営者から後継者が引き継ぐととともに，後継者が役員（とりわけ社長）になる必要があります。それとともに，後継者を支える機関・役員の体制についての検討も重要となってきます。

⑵　機関設計

　中小企業である**非公開会社**に必須の機関は，**株主総会と取締役（1名）**ということになります。

　そのうえで，まず，会社の実情などを踏まえ取締役会を設けるかどうかを検討することになります。取締役会を設けるということは，会社の意思決定を「二段構え」にするもので，会社すなわち株主にとっての最重要事項を株主総会で，それ以外を取締役会で決めるという構造になり，一定数以上の株主がいる場合には合理的かつ有効な機関設計といえます。ただし，取締役会を設ける場合には，取締役が3名以上必要になるとともに，原則として株主に代わって取締役の職務の執行をチェックする監査役を置かなければなりません。

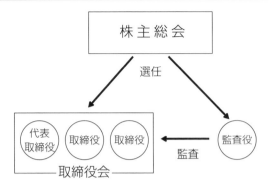

図表2-3-1◆取締役会設置会社の機関・役員のイメージ

(3)　株主総会

①　役　割

　株主総会は，株主によって構成される**合議制**の**会議体**である会社の**最高意思決定機関**です。

　取締役会を設けない会社の株主総会は，会社法が規定する事項のみならず会社の組織，運営，管理その他会社に関する**一切の事項**について決定することができます。取締役会を設けている会社の株主総会は，**会社法が規定する事項**および**定款で定めた事項**についてのみ決定することになります。

②　種　別

　株式会社は少なくとも年１回，毎事業年度の終了後の一定の時期に株主総会を開催しなければなりません。これを**定時株主総会**といいます。具体的には，事業報告・計算書類の承認・役員等の改選等を行うことになります。また，会社は必要に応じて，いつでも株主総会を開催することができます。これを**臨時株主総会**といいます。

第○期定時株主総会議事録

1．日　　　時：令和○年6月27日（水曜日）　午前10時00分
2．場　　　所：東京都新宿区西新宿○丁目△番□号　当会社本店会議室
3．出 席 者：議決権を行使することができる株主数　　　　　　3名
　　　　　　　この議決権の数　　　　　　　　　　　　　　　1,000個
　　　　　　　本日出席株主数（委任状提出者を含む。）　　　　3名
　　　　　　　この議決権の数　　　　　　　　　　　　　　　1,000個
4．議　　　長：代表取締役　山田太郎
5．出席役員：取締役（3名中3名出席）
　　　　　　　山田太郎，佐藤三郎，藤田五郎
　　　　　　　監査役（1名中1名出席）
　　　　　　　佐野花子
6．会議の目的事項ならびに議事の経過の要領および結果：
　議長は，午前10時00分に開会を宣し，以上のとおり本日の出席株主数および
この有する議決権の数を報告し，本総会の全議案を審議できる法令ならびに定
款上の定足数を充足している旨を述べた。

　〈報告事項〉
　　第○期事業報告の件
　　　議長は，第○期（令和○年4月1日～令和○年3月31日）における事
　　業について，事業報告書に基づき詳細に報告した。

　〈決議事項〉
　　第1号議案　第○期計算書類承認の件
　　　議長は，第○期（令和○年4月1日～令和○年3月31日）における計
　　算書類について詳細に説明し，ついで，監査役 佐野花子から，それらの
　　書類を綿密に調査したところ，いずれも正確かつ適正であることを認め

た旨の報告があった。議長は，当期における計算書類の承認の可否を議場に諮ったところ，出席株主の議決権の過半数の賛成を得たので，本議案は原案どおり承認可決した。

第2号議案　取締役3名選任の件

　議長は，取締役全員が定款の定めにより本総会終結の時をもって任期満了退任となるため，取締役3名を選任したい旨と別紙のとおり候補者について説明し，その賛否を議場に諮ったところ，出席株主の議決権の過半数の賛成を得たので，本議案は原案どおり承認可決した。

　なお，被選任者は，いずれも席上即時就任を承諾した。

　議長は，これをもって本総会の目的事項のすべてを終了した旨を述べ，午前11時00分，閉会を宣した。

　以上，議事の経過の要領およびその結果を明確にするため，本議事録を作成する。

　株式会社ABC商事　第○期定時株主総会
　　令和○年6月27日

　　　　　　　　　　議事録作成の職務を行った取締役　山田　太郎　㊞

　取締役または**株主**が株主総会の目的である事項について提案をし，その提案について**株主全員**が**書面**または**電磁的記録**により同意の意思表示をしたときは，当該提案を可決する旨の株主総会の決議があったものと**みなされます**。これを株主総会の**決議の省略**といい，書面決議と呼ばれることもあります。株主が少数である中小企業にとっては現実に即した活用できる方法といえます。

記載例2-3-3◆株主総会の決議の省略に関する提案書・同意書

令和○年3月1日

株主各位

株式会社ＡＢＣ商事

取締役　山田　太郎

提　案　書

　私は，会社法第319条および当社定款第19条の規定に基づき，株主総会決議事項に関して下記のとおり提案いたします。本提案に関して株主全員から同意をいただいた場合は，本提案を可決する旨の株主総会決議があったものとみなされることになります。

　つきましては，本提案をご検討いただいたうえ，令和○年3月29日までに，回答欄によりご意思を表明ください。

記

第1号提案　定款一部変更の件

　　　　別紙のとおり定款の一部を変更すること

第2号提案　取締役1名選任の件

　　　　別紙のとおり取締役として山田一郎を選任すること

　私は，上記提案の内容を検討のうえ，株式会社ＡＢＣ商事の株主として次のとおり回答いたします。

第1号提案	提案に対して	
定款一部変更の件	同意	不同意
第2号提案	提案に対して	
取締役1名選任の件	同意	不同意

令和○年3月14日

　　株式会社ＡＢＣ商事　株主

　　　　東京都港区南青山○丁目△番□号

　　　　佐　藤　三　郎　㊞

記載例2-3-4◆株主総会議事録（決議の省略）

株主総会議事録
（決議の省略）

1. 議決権を行使することができる株主の総数 　　　　　　　　　　3名
   議決権を行使することができる株主の議決権の数 　　　　　1,000個
2. 株主総会の決議があったものとみなされた事項の内容
   　　　　　　　第1号議案　○○の件
   　　　　　　　　　〜　略　〜
   　　　　　　　第2号議案　○○の件
   　　　　　　　　　〜　略　〜
3. 株主総会の決議があったものとみなされた事項の提案者
   　　取締役　山田　太郎
4. 株主総会の決議があったものとみなされた日 　　　　令和○年6月29日

　令和○年6月19日付けで取締役　山田　太郎　が当会社の議決権を有する株主全員に対して上記提案について提案書を発し，当該提案につき，令和○年6月29日までに当該株主全員から書面により同意の意思表示を得たので，会社法第319条第1項に基づき，当該提案を可決する旨の株主総会の決議があったものとみなされた。

　上記のとおり，株主総会の決議の省略を行ったので，株主総会の決議があったものとみなされた事項を明確にするため，本議事録を作成し，議事録作成者として次に記名押印する。

　令和○年6月29日

　　株式会社ＡＢＣ商事　株主総会

　　　　　　　議事録作成の職務を行った取締役　山田　太郎　㊞

③　決議の方法

株主は，原則として，その有する株式1株につき1個の株主総会での議決権を行使することができ（**一株一議決権の原則**），代理人によっても議決権を行使することができます。

株主総会の決議は，原則として，議決権を行使することができる株主の**議決権の過半数を有する株主が出席**（定足数）し，出席した当該株主の**議決権の過半数**にあたる多数をもって行わなければなりません。これを一般的に「普通決議」といっています。一方，会社や株主にとって重要な事項については，議決権を行使することができる株主の**議決権の過半数を有する株主が出席**（定足数）し，出席者の**議決権の3分の2以上**にあたる多数をもって行わなければなりません。これを一般的に「特別決議」といっています。

したがって，事業承継においては，後継者が最低でも株式（議決権）数の3分の2以上を保有することが望ましいといえます。

(4)　取締役

①　役　割

取締役会を設けていない会社においては，取締役が1人の場合には唯一の取締役が業務執行の決定をし，業務の執行を行います。取締役が2人以上の場合には**取締役の過半数**で業務執行の決定をし，各取締役が業務の執行を行います。

取締役会を設けている会社においては，**取締役会の決議**で業務執行の決定をし，取締役会で選定された代表取締役と業務執行取締役が業務の執行を行います。

②　就　任

取締役になるための積極的な資格は求められていませんが，一定の犯歴者等は取締役になることはできません。

会社と取締役との関係は**委任契約**です。そこで，会社の意思として株主総会

の普通決議により取締役を選任し，被選任者がその就任を承諾することで取締
役に就任することになります。

取締役は，その氏名が登記され，公開されることになります。

③ 退 任

会社と取締役は任期付きの委任契約ですので，任期が満了すると退任するこ
とになります。仮に同一人が継続して取締役を務めるとしても，あらためて選
任の決議と就任の承諾をする必要があります。

取締役の原則的な任期は，**選任後２年以内**に終了する事業年度のうち最終の
ものに関する定時株主総会の終結時までですが，非公開会社については，**定款**
に定めることによって任期を**選任後10年以内**に終了する事業年度のうち最終
のものに関する定時株主総会の終結の時まで伸長することが認められています。

記載例2-3-5◆辞任届

辞 任 届

私は，一身上の都合により，貴社の取締役を辞任したいので，お届けします。

令和○年６月27日

　住 所　　東京都千代田区麹町○丁目△番地

　氏 名　　山 田 太 郎　　㊞

株式会社ABC商事　御中

取締役のメンバー構成がほとんど変動しない中小企業の場合，10年任期とすることも少なくありません。

　取締役は個人の資質・能力に着目して選任されていますから，取締役が死亡した場合，その地位は相続により承継されることはなく当然に退任となります。また，取締役は株主総会の決議等を経ることなく，いつでも辞任することができます。

(5)　代表取締役

①　役　割

　代表取締役は会社の業務を執行するとともに，会社を代表します。したがって，会社の重要な契約書等には代表取締役がサインをすることになります。

　ちなみに「社長」というのは会社法上の役員ではなく会社内部で決めた役職ですが，一般的には社長イコール代表取締役です。

②　就　任

　代表取締役になるにはその前提として**取締役**でなければなりません。

　取締役会を設けていない会社では，ⅰ）**定款**，ⅱ）**株主総会の普通決議**，ⅲ）定款の定めに基づく**取締役の互選**により代表取締役を選ぶことになります。取締役会を設けている会社では，原則として**取締役会の決議**により代表取締役を選ぶことになります。そのうえで被選定者がその就任を承諾することで代表取締役に就任することになります。

　代表取締役は少なくとも1名は必要ですが，員数に上限はありません。したがって，事業承継のプロセスでは，現経営者と後継者の2名を代表取締役とすることも一案です。

　代表取締役は，その氏名とともに**住所**が登記され，公開されます。

③ 退 任

前提資格である取締役を退任しますと，代表取締役も退任となります。一方で代表取締役のみを退任することもできます。その場合には，いわゆるヒラの取締役ということになります。事業承継のプロセスでは，過渡期的に後継者を代表取締役（社長），現経営者を代表取締役でない取締役（会長）とすることも考えられます。

〈参照すべき法律〉
　・会社法「第2編　株式会社」
　　　　　　「第4章　機関」（295条〜430条）

4. | 組織再編

(1) 事業承継との関係

　組織再編とは，**会社の基礎の変更**ということができます。代表的なものとしては事業譲渡や合併があげられます。

　事業承継の場面では，事業の魅力アップのために経営資源の集中化をする場合や，経営の効率アップのために分社化・持株会社化をする場合に組織再編を利用するケースがあります。また，第三者承継であるM＆Aの手法として利用されることもあります。

　広い意味での組織再編には設立や解散も含んで整理されることもありますし，さらに広くとらえると株式譲渡や募集株式の発行なども該当すると考えることもできますが，ここでは，会社法の第5編で規定される組織再編と事業譲渡を念頭に置きます。

(2) 組織再編の分類

　会社法の第5編で規定される組織再編には，【図表2-4-1◆組織再編の分類】のとおり既存の会社同士による承継（吸収）型とあらたな会社を設立することになる新設型に分類することができます。

図表2-4-1◆組織再編の分類

承継（吸収）型	新設型
吸収合併	新設合併
吸収分割	新設分割
株式交換	株式移転

(3) 各種組織再編の概要

① 吸収合併

　吸収合併とは，合併により消滅する会社の権利義務の全部を合併後に存続する会社に**包括承継**させる行為をいいます。ちなみに新設合併も法律上の規定はされていますが，実際に利用されることはほとんどありません。

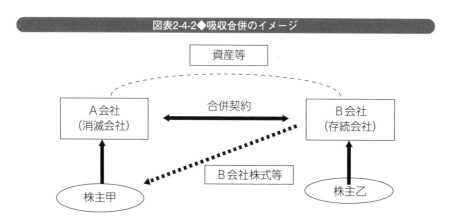

図表2-4-2◆吸収合併のイメージ

②　会社分割

会社分割には，吸収分割と新設分割とがあり，両者とも実際に利用されています。

吸収分割とは，会社がその**事業**に関して有する権利義務の全部または一部を会社分割により他の会社に**包括承継**させる行為をいいます。

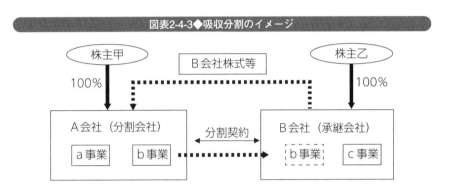

図表2-4-3◆吸収分割のイメージ

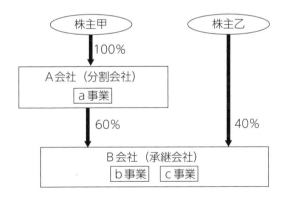

　新設分割とは，会社がその**事業**に関して有する権利義務の全部または一部を
会社分割によりあらたに設立する会社に**包括承継**させる行為をいいます。

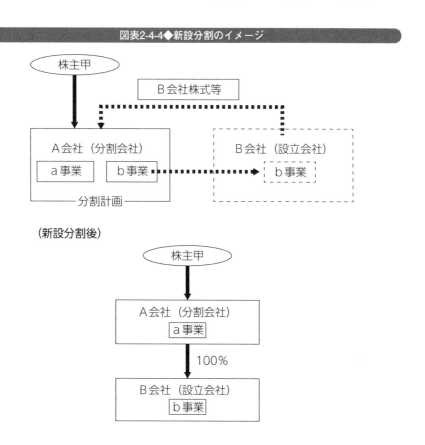

図表2-4-4◆新設分割のイメージ

③　株式交換・株式移転

株式交換と株式移転はいずれも**100％親子関係**を組成する組織再編行為です。

株式交換とは，会社が発行済株式の全部を既存の他の会社（完全親会社）に取得させる行為をいいます。

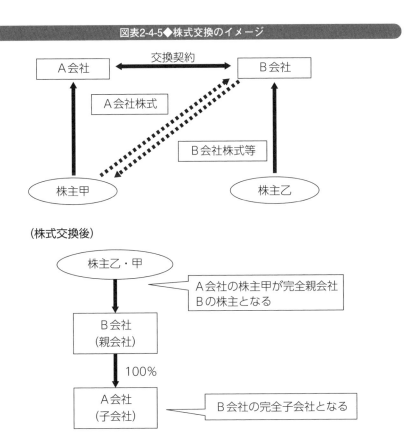

図表2-4-5◆株式交換のイメージ

　株式移転とは，会社が発行済株式の全部をあらたに設立する会社（完全親会社）に取得させる行為をいいます。

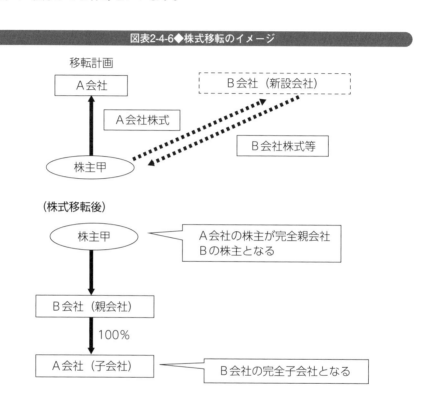

図表2-4-6◆株式移転のイメージ

④　事業譲渡

　事業譲渡とは，会社がその**事業**に関して有する権利義務の全部または一部を売買等により他の会社に**特定承継**させる行為をいいます。

図表2-4-7◆事業譲渡のイメージ

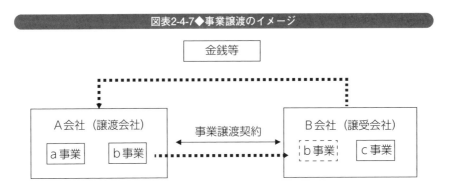

⑷　組織再編の手続

　組織再編の会社法上の手続について，2社の株式会社による吸収合併を例にすると，基本的かつ原則的な流れは次のとおりとなります。ただし，手続の順序については，理論上矛盾のない範囲で，前後させることも可能です。なお，他の組織再編行為（事業譲渡を除く）についても，大雑把にいえば吸収合併をアレンジしたものといえます。

①　契約締結

　合併当事会社は，法定された事項を網羅した吸収合併契約を締結します。

②　事前開示

　合併当事会社の双方は，株主・債権者等の利害関係者が合併の是非等を判断するため，合併契約の内容等に関する資料を備え置き，開示しなければなりません。

③　承認決議

　吸収合併等は会社の基礎の変更であることから，株主に重大な影響を与える可能性があります。そこで，合併当事会社の双方は，合併契約について**株主総会の特別決議**による承認を得る必要があります。

④　債権者保護手続

　吸収合併は当事会社の責任財産が減少するおそれがあることから，債権者に重大な影響を与える可能性があります。そこで，合併当事会社の双方は，債権者に対して合併に異議のある場合には異議を述べることができる旨を国の機関紙である**官報**で**公告**し，かつ**個別**に**通知**をしなければなりません。

記載例2-4-8◆合併異議申述公告

合併公告

　左記会社は合併して甲は乙の権利義務全部を承継して存続し乙は解散することにいたしました。効力発生日は令和○年四月二十日であり、両社の株主総会の承認決議は令和○年四月十五日に終了しております。

　この合併に対し異議のある債権者は、本公告掲載の翌日から一箇月以内にお申し出下さい。

　なお、最終貸借対照表の開示状況は次のとおりです。

（甲）　掲載紙　官報
　　　　掲載の日付　令和○年五月十日
　　　　掲載頁　○○頁（号外第○○号）

（乙）　http://www.kouotubussan/index.html

　令和○年五月二十日

　東京都新宿区西新宿○丁目△番□号
　　　　　　　　（甲）株式会社ＡＢＣ商事
　　　　　　　　　　　代表取締役　山田　太郎

　東京都港区赤坂○丁目△番□号
　　　　　　　　（乙）甲乙物産株式会社
　　　　　　　　　　　代表取締役　鈴木　一郎

⑤ 登 記

吸収合併の効力発生後，合併存続会社は合併による変更の登記を，合併消滅会社は合併による解散の登記を行う必要があります。

⑥ 事後開示

吸収合併の効力発生から6か月の間，合併存続会社は，株主・債権者等の利害関係者が合併が適正に行われたか等を判断するため，合併手続の内容等に関する資料を備え置き，開示しなければなりません。

〈参照すべき法律〉
　・会社法「第2編　株式会社」
　　　　「第7章　事業の譲渡等」（会社法467条～470条）

　　　「第5編　組織変更，合併，会社分割，株式交換，株式移転及び株式交付」（743条～816条の10条）
　　　　※会社法改正（令和元年法律70号）により"株式交付"が追加

5. | 解散・清算，破産

(1) 事業承継との関係

　解散とは，事業活動をやめ，会社をたたむのを前提に清算の手続に入ること
をいいます。

　事業承継の場面では，後継者が見つからなかった場合に自社の解散・清算を
考えることになります。つまり，解散は，広い意味での事業承継の選択肢の一
つといえ，現経営者としては，自社の財務や自身の肉体的・精神的にも余裕が
あるうちに，自社の解散・清算を行うことにより，結果的に現経営者本人はも
ちろんのこと，従業員や取引先への影響を最小化できるケースも少なくありま
せん。

(2) 解散・清算の流れ

　会社の解散は，一般的に**株主総会の特別決議**によります。会社が解散します
と取締役に代わり**清算人**を中心に清算の手続を行うことになります。

　具体的には会社が持っている債権を取り立て，債務を支払い，財産を換価等
したうえで，残った財産（**残余財産**）を株主に分配することになります。そし
て，清算の手続が終了（**清算結了**）しますと，会社は完全に消滅することにな
ります。

図表2-5-1◆解散・清算の手続の流れ

株主総会で解散・清算人選任の決議

解散・清算人の登記

財産目録等の作成

債権申出の公告・通知

（申出期間2か月内は債権者に弁済禁止）

株主総会で財産目録等の承認の決議

債権者への弁済

残余財産の分配

株主総会で清算結了の報告

清算結了の登記

帳簿資料の保存（清算結了の登記から10年間）

(3) 破　産

　会社をたたもうと考えたとしても，会社の財産より負債が大きく，債務が支払えない状態となってしまっている場合，会社は**破産**することになります。

　具体的には，破産の申立て（**破産手続開始の申立て**）を裁判所に行い，破産が開始（**破産手続開始決定**）しますと，取締役に代わり裁判所に選任された**破産管財人**が会社の財産を換価して債権者に配当します。そして，破産の手続が終了（**破産手続終結**）しますと会社は完全に消滅することになります。

図表2-5-2◆破産手続の流れ

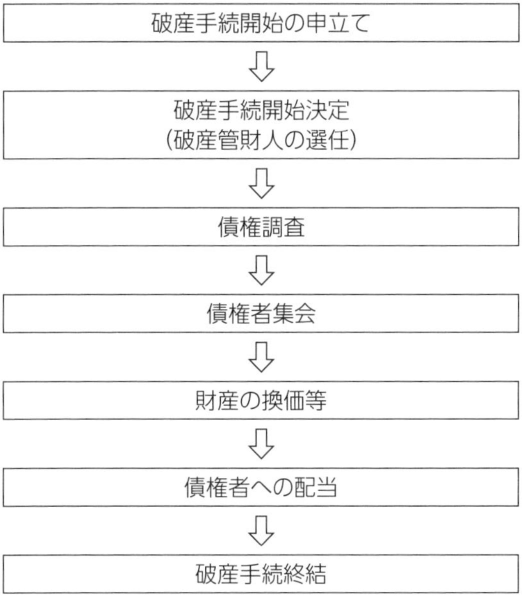

```
破産手続開始の申立て
      ⇩
  破産手続開始決定
 （破産管財人の選任）
      ⇩
    債権調査
      ⇩
   債権者集会
      ⇩
   財産の換価等
      ⇩
  債権者への配当
      ⇩
   破産手続終結
```

〈参照すべき法律〉
・会社法「第2編　株式会社」
　　　　　「第8章　解散」（471条〜474条）
　　　　　「第9章　清算」（475条〜574条）

・破産法

―法律を読み解くためのヒント②―

法令の組立て

（その1　編成）

　法令の編成には一定のルールがあります。まず，「民法」や「会社法」といったように必ず「名称」が付きます。あわせて，法令には「番号」が付きます。これは暦年（1月～12月）ベースで，法律・政令・省令ごとに公布された順序で番号が振られ，法令を特定するときに用いられます。たとえば，制定時の会社法は「平成17年7月26日法律第86号」です。ちなみにこの年月日は，その法令が公布された日を指し，省略して記載される場合もあります。

　分量の多い法令には，「目次」が設けられています。その法令のアウトラインをつかむには目次を利用すると便利です。同様に分量の多い法令には「章立て」がなされています。パラグラフの大きい順に「編」・「章」「節」・「款」・「目」となります。また，各条文も内容によって細分化されることがあり，その順序は「条」・「項」・「号」となります。それ以上に細かくするときには「イ・ロ・ハ…」が使われます。また，各条文には一般的に「見出し」が付けられていて，これを見ればおおよその内容がわかるようになっています。ちなみに法令を判決文や行政文書で正式に記載するときには，「第」を付けて記載します。たとえば「民法第○編第○章」や「会社法第○条第○項第○号」となります。

（その2　構成）

　法令は「本則」と「附則」で構成されます。本則とは法律の主要な規定の部分で，附則とは本則を補うかたちで規定されているものです。附則には，主に経過措置―たとえば法令の改正があった場合に施行の前後で旧法と新法のどちらが適用されるか―が定められます。

　もう一つ重要なのは「総則」と「各則」というものです。たとえば，民法には第1編で総則が設けられており，その後に4編がつらなっています。総則は，残りの4編に共通のルールを頭出しにするという位置づけで，「パンデクテン方式」と呼ばれる手法です。これにより，条文の重複を避け，法令の分量を減らすことができます。一方で本来は各則にも定められるべき規定がまとめて総則に定められているので，各則に定めがないときには規定がないと判断するのではなく，総則にあたる必要があります。

Part 3

民法・相続のポイント

1. 法定相続・法定相続分

⑴ 事業承継との関係

　現経営者が亡くなると，保有していた財産は相続の対象となります。その相続財産には，現経営者が保有していた自社株式や，会社が使用している現経営者名義の不動産なども含み，相続により承継できるのは**法定相続人**に限られます。

　事業承継の場面では，後継者を誰にするかということを決める際に法定相続人となりうる者か否かということは大きなファクターとなります。すなわち，後継者が法定相続人でなければ，対象会社の株式を相続により承継できないということになるわけです。一方で，後継者が法定相続人であった場合でも，後継者以外の法定相続人にも相続財産に対して**法定相続分**に応じた権利があるのが原則です。つまり，後継者だからといって，自社株式の全部を承継できるとは限りません。

⑵ 法定相続

① 相続の基本ルール

　人は，いつかは亡くなり，相続が発生することになります。亡くなった人のことを**被相続人**といいますが，被相続人のプラスの財産（たとえば預金）やマイナスの財産（たとえば借金）の**一切の権利義務**は，相続により法定相続人に**包括承継**されることになります。

② 法定相続人

　法定相続人となるのは，まず配偶者です。そのうえで，第一順位は子です。子には実の子はもちろんのこと，養子も含みます。子がいない場合の第二順位は親です。親には実の親はもちろんのこと，養親も含みます。さらに子も親も

いない場合の第三順位は兄弟姉妹となります。

③　代襲相続

　たとえば，被相続人の子（法定相続人）が被相続人より先に亡くなっている場合には，法定相続人の子（被相続人の直系卑属である孫）が相続することになります。これを**代襲相続**といい，この孫を**代襲相続人**といいます。ちなみに，子が法定相続人である場合の代襲相続については，仮に代襲相続人である孫が被相続人より先に亡くなっているときには，その子（被相続人のひ孫）というかたちで代々の直系がその地位を引き継ぐことになります。

　兄弟姉妹が法定相続人である場合で，被相続人よりその兄弟姉妹が先に亡くなっているときには，その子（被相続人の甥姪）が代襲相続人となります。ただし，直系の子や孫などと異なり，代襲するのは一代限り（被相続人の甥姪まで）です。

④　法定相続人の証明

　不動産の相続登記等の各種の相続手続を行うに際しては，誰が法定相続人であるかを証明する必要があります。日本には明治時代から脈々と続く戸籍制度があり，この戸籍をたどることで法定相続人を明らかにすることができます。具体的には，被相続人の出生から死亡に至るまでの戸籍謄本等と法定相続人の戸籍謄本等を取得し，確認することになります。なお，戸籍謄本等は本籍地の市区町村役場で取得します。

　各種の相続手続には，それらの戸籍謄本等一式を提出することになりますが，相続手続を要する財産が多数となる場合には，戸籍謄本等一式を手続の件数分，揃えたり，手続ごとに繰り返して使用せざるを得なくなり，費用や時間がかかることになります。そのような相続手続の便宜を図るための制度として，戸籍謄本等一式を法務局に提出し，「**法定相続情報証明**」を必要な通数分，交付を受けることができます。これを利用することにより，各種の相続手続を円滑かつ迅速に進めることが可能になります。

被相続人　山田太郎　法定相続情報

最後の住所
東京都千代田区麹町○丁目△番地
最後の本籍
東京都世田谷区成城○番
出生　昭和○年３月５日
死亡　令和○年５月１日
（被相続人）
山　田　太　郎

住所東京都渋谷区代々木○丁目△番□号
出生　昭和○年９月１３日
（長男）
── 山　田　一　郎　（申出人）

住所　東京都千代田区麹町○丁目△番地
出生　昭和○年５月２５日
（妻）
山　田　花　子

住所東京都港区高輪○丁目△番□号
出生　昭和○年２月２０日
（長女）
── 田　中　春　子

作成日：令和○年９月２７日
作成者：住所　東京都千代田区飯田橋○丁目△番□号
　　　　氏名　司法書士法人千代田事務所
　　　　　　　代表社員　千代田　一男　㊞

　これは，令和○年１０月７日に申出のあった当局保管に係る法定相続情報一覧図の写しである。

令和○年１０月１３日
東京法務局

登記官　登記　一郎　㊞

注）本書面は，提出された戸除籍謄本等の記載に基づくものである。相続放棄に関しては，本書面に記載されない。また，相続手続以外に利用することはできない。

整理番号○○○○○○　1/1

⑶　法定相続分

　法定相続人が複数いる場合には，相続財産は法定相続分に応じた共有となるのが原則です。

　法定相続分は，【図表3-1-2◆法定相続の態様】のとおりです。

図表3-1-2◆法定相続の態様				
第一順位	配偶者	1／2	子	1／2
第二順位	配偶者	2／3	親	1／3
第三順位	配偶者	3／4	兄弟姉妹	1／4

　仮に同じ順位の法定相続人が複数いる場合には，その頭割りとなります。たとえば，配偶者と子2人が法定相続人である場合には，配偶者が2分の1，子が各4分の1という計算になります。

〈参照すべき法律〉
　・民　法「第5編　相続」
　　　　　　「第1章　総則」（882条〜885条）
　　　　　　「第2章　相続人」（886条〜895条）
　　　　　　「第3章　相続の効力」
　　　　　　　「第1節　総則」，「第2節　相続分」（896条〜905条）

2. | 相続の承認・放棄

(1)　事業承継との関係

　現経営者の相続が開始した場合，相続人が相続財産を包括的に承継するのが原則ですが，それは相続人が相続を承認することが前提となります。相続人が相続放棄や限定承認をした場合には，相続人・相続分・相続財産等に修正が加わることになります。

　事業承継の場面では，相続人が相続を放棄や限定承認することで，現経営者が保有していた自社株式等の行方に大きな影響を及ぼすことになります。

(2)　単純承認

　相続人は，相続があったことを知った日から3か月以内に相続放棄または限定承認をしなかったときには，相続を承認したものになります。なお，この承認のことを限定承認との対比から**単純承認**といいます。

　相続開始後3か月以内であっても，相続人が相続財産の一部を使ってしまったような場合には，その相続人は相続を単純承認したものとみなされます。

(3)　相続放棄

①　方　法
　相続人は，相続があったことを知った日から**3か月以内**に，**単独**で相続放棄をすることができます。なお，相続の開始前には相続放棄をすることはできません。

　相続人が相続放棄をするには，その旨を**家庭裁判所に申述**し，それが受理される必要があります。ちなみに，ある相続人が相続財産をなにも承継しないと

いう内容の遺産分割協議を行ったとしても，その相続人は法律上の相続放棄をしたことにはなりません。

　相続放棄をした場合であっても，戸籍謄本等にその事実が記載されることはありません。

②　効　果

　相続放棄をした者は，**はじめから相続人でなかった**ものとみなされます。たとえば，被相続人の借金が多額にのぼるような場合，法定相続人は相続放棄をすることで，借金を背負わなくてすみます。ただし，相続人でなくなるわけですから，仮にプラスの財産があってもそれを相続により承継することはできなくなります。

　法定相続人・法定相続分の修正という観点では，たとえば，被相続人の子であるAとBが相続人である場合で，Aが相続放棄したときにはBのみが相続人ということになり，被相続人の相続財産はすべてBが相続することになります。また，被相続人である配偶者Xと子であるYが相続人である場合で，Yが相続放棄をしたときには次順位の被相続人の親が，ある意味繰り上がって相続人となります。

記載例3-2-1◆相続放棄申述受理証明書

相続放棄申述受理証明書

事　件　番　号　令和○年（家）第○○○○○号

申 述 人 氏 名　田中　春子

被 相 続 人 氏 名　山田　太郎
本　　　　　籍　東京都世田谷区成城○番
死 亡 年 月 日　令和○年5月1日

申述を受理した日　令和○年6月10日

　上記のとおり証明する。

令和○年6月10日
東京家庭裁判所
裁判所書記官　　佐藤　三郎　㊞

(4) 限定承認

① 方　法

　相続人は，相続があったことを知った日から**3か月以内**に限定承認をすることができます。ただし，相続人が複数いる場合には，相続放棄とは異なり，**相続人全員で共同して行わなければなりません。**

　相続人が限定承認をするには，その旨を**家庭裁判所に申述**し，それが受理される必要があります。

② 効　果

　限定承認とは，プラスの相続財産からマイナスの相続財産を引いて，余りがあればそれを承継するというものです。結果として，プラスの財産よりマイナスの財産が多い場合，清算後に残ったマイナスの財産を負担しなくてすむというメリットがあります。

　具体的には，プラスの財産である自社株式等を換価し，マイナスの財産である借金を返済し，残りのプラスの財産を相続により承継することになります。したがって，被相続人のプラスの財産に自社株式がある場合に限定承認をしたときには，相続人である後継者がその株式を相続により承継することは困難になるといえます。

〈参照すべき法律〉
　　・民　法「第5編　相続」
　　　　　　「第4章　相続の承認及び放棄」（915条〜940条）

3. 遺　言

⑴　事業承継との関係

　遺言とは，生前に自らの財産の行方等を自らで決定し，それを書面として残しておくというものです。遺言は，遺言者の最終意思として，相続人はそれを尊重しなければなりません。ちなみに遺言は何度でも書き直しをすることができ，時間的に後で書かれた遺言が優先されます。

　事業承継の場面では，現経営者自身が保有する自社株式等を後継者に確実に承継させるための手段として遺言を活用することが考えられます。また，遺言を残すことにより相続人間でのトラブルを回避し，円滑な相続手続を行うことも期待できます。なお，遺言をするには一定の判断能力（遺言能力）が求められますので，早期の検討と実行が必要です。

⑵　遺言の方式と内容

　遺言は法律行為の一種ですが，契約とは異なり，単独で行うため一定の方式が要求されています。一般的な遺言の方式には**自筆証書遺言**と**公正証書遺言**があります。

　財産に関する遺言の内容としては，相続人への遺産分割方法の指定（特定財産承継遺言）や相続人でない者への遺贈があげられます。具体的には，前者としては後継者である「長男である山田一郎にABC商事株式会社の全株式を相続させる」というものであり，後者としては相続人でない後継者である「甥である藤田五郎にABC商事株式会社の全株式を遺贈する」というものです。

(3)　自筆証書遺言

①　要 件

　自筆証書遺言の場合，遺言者がその全文と日付・氏名を自らで手書きしたうえで，押印しなければなりません。ただし，具体的な対象となる財産（たとえば自社株式や不動産）については，パソコンなどで作成した目録で代えることもできます。

②　メリット・デメリット

　自筆証書遺言のメリットとしては，いつでも自分一人で作成することができ，コストもかからない点があげられます。加えて，遺言の内容も完全に秘密にしておくことができます。

　自筆証書遺言のデメリットとしては，形式上の要件を含め適法・適正な遺言書が作成されないという可能性があります。また，遺言書の偽造・隠匿・紛失のおそれがあるとともに，遺言者の死後に遺言書が発見されないという懸念もあります。さらに自筆証書遺言については，遺言の執行に先立ち，家庭裁判所で遺言書の形式的確認手続である**検認**を行う必要があります。

③　保管制度の特例

　自筆証書遺言のデメリットに対応するために，遺言書を法務局で保管してもらうという制度があります。法務局での保管に際しては，遺言者本人が法務局に赴いたうえで，所定の手数料を納める必要があります。なお，法務局では法的要件を充たしているか等の審査は行わないということですが，遺言書自体を提出するわけですから明らかな誤りに対しては指摘がなされるものと思われます。

　この保管制度を利用することで，遺言書の偽造等が防げるとともに，家庭裁判所での検認の手続も不要とされています。

⑷　公正証書遺言

①　要　件

　公正証書遺言の場合，遺言者が遺言の内容を**公証人**に口頭で伝え，それをもとに公証人が遺言書を作成し，公証人の面前で署名押印をします。なお，公正証書遺言の作成時には**2名の証人の立会**が必要となります。ちなみに，遺言者が病気などで公証役場に赴けないようなときには公証人が病院等に出張し，遺言書を作成することもできます。

②　メリット・デメリット

　公正証書遺言のメリットとしては，法律の専門家である公証人が関与しますので，適法・適正な遺言書の作成ができるという点があげられます。また，遺言書の原本は，公証役場に保管されますので，遺言書の偽造等のおそれもありませんし，仮に紛失した場合でも謄本を再発行してもらうこともできます。なお，遺言者の死後に相続人等による遺言の検索の請求をすることもできます。さらに家庭裁判所での検認の手続も不要です。

　公正証書遺言のデメリットとしては，公証人が関与するため，手間・時間・コストがかかることがあげられます。具体的には，公証人から遺言の作成にあたって身分や財産関係の資料の事前提出を求められますし，作成までに一定の時間を要するとともに，公証人や証人との日程調整も必要になります。なお，公証人の手数料は法定されており，おおむね【図表3-3-2◆遺言公正証書作成の公証人手数料】のとおりです。

記載例3-3-1◆遺言公正証書

令和○年　第○○○○号

遺　言　公　正　証　書

　本職は，遺言者山田太郎の嘱託により，証人　田中一郎　及び同　千代田一

男の立会のもとに，次の遺言の趣旨の口述を筆記して，この証書を作成する。

第1条　遺言者は，株式会社ＡＢＣ商事の全株式を長男山田一郎（昭和○年9
　　　月13日生）に相続させる。

～略～

本　旨　外　要　件
住　　所　東京都千代田区麹町○丁目△番地
職　　業　会社経営
　　遺　言　者　山　田　　太　郎
　　　　　　昭和○年3月5日生

上記は，印鑑登録証明書の提出により人違いでないことを証明させた。

住　　所　東京都港区南青山○丁目△番□号
職　　業　税理士
　　証　　人　田　中　　一　郎
　　　　　　昭和○年10月1日生

住　　所　東京都千代田区飯田橋○丁目△番□号
職　　業　司法書士
　　証　　人　千　代　田　　一　男
　　　　　　昭和○年5月25日生

　上記遺言者及び証人に読み聞かせたところ，各自筆記の正確なことを承認し，
次に署名押印する。

遺　言　者　山　田　　太　郎　　㊞

証　　　人　田　中　一　郎　　㊞

証　　　人　千代田　一　男　　㊞

　この証書は，令和○年６月１０日，本職役場において，民法第９６９条第１号ないし第４号の方式に従って作成し，同上第５号に基づき，本公証人が次に署名押印するものである。

　東京都新宿区西新宿○丁目△番□号
　東京法務局所属
　　　公　　証　　人　法　務　　忠　㊞

図表3-3-2◆公正証書遺言作成の公証人手数料	
遺言の目的である財産の価額	手　数　料
100万円以下	5,000円
100万円超200万円以下	7,000円
200万円超500万円以下	11,000円
500万円超1,000万円以下	17,000円
1,000万円超3,000万円以下	23,000円
3,000万円超5,000万円以下	29,000円
5,000万円超1億円以下	43,000円
1億円超3億円以下	43,000円（超過額5,000万円までごとに13,000円を加算）
3億円超10億円以下	95,000円（超過額5,000万円までごとに11,000円を加算）
10億円超	249,000円（超過額5,000万円までごとに8,000円を加算）

※　その他に遺言加算や枚数加算等あり

⑸　遺言の執行

　たとえ遺言を残したとしても，それが実現できなくては意味がないということになります。それを実現するのが**遺言執行**であり，その役割を担うのが**遺言執行者**です。とりわけ財産に関する遺言のうち遺贈を実現するには，遺言執行者の存在が不可欠といえます。

　遺言執行者について，必ずしも弁護士や司法書士といったような資格等は求められていません。遺言の中で指定することもできますし，利害関係人からの請求により家庭裁判所に選任してもらうこともできます。

⑹　遺留分

①　制度の趣旨

　遺留分とは，相続にあたって，一定の法定相続人に認められた相続財産に対する権利です。遺留分には生活保障的な側面や被相続人の財産形成への貢献に対する清算的側面があるといわれています。

　たとえば，現経営者が全財産である自社株式を後継者に遺贈するといった遺言を残して亡くなった場合では，遺留分を侵害された法定相続人（遺留分権利者）は遺贈を受けた後継者に対し，相続財産の一定割合にあたる金銭を請求（**遺留分侵害額請求**）することができます。

　遺留分の侵害については，遺贈だけでなく，相続させる旨の遺言（特定財産承継遺言）による場合や生前の贈与も対象となります。

②　遺留分権利者と割合

　遺留分権利者となるのは，兄弟姉妹を除く，法定相続人です。具体的には，配偶者・子（直系卑属）・親（直系尊属）です。

　遺留分の割合については，各法定相続分の2分の1です。たとえば，配偶者と子1人が法定相続人である場合，配偶者の遺留分の割合は法定相続分である

2分の1の2分の1である4分の1ということになります。

③　請求の方法

　遺留分を侵害されたからといって，遺留分権利者は当然にその権利を得るわけではなく，侵害した人への請求が必要です。つまり，請求してはじめて遺留分侵害額請求権が発生することになります。ただし，裁判で請求をする必要はなく，侵害した人への意思表示で足ります。

　遺留分侵害額請求は，遺留分権利者が遺留分を侵害されたことを知った時から1年以内に行わなければ時効により消滅します。また，侵害されたことを知ったかどうかはともかくとして，相続開始の時から10年を経過しますと，同様に時効により消滅します。

④　遺留分に関する民法の特例

　「中小企業における経営の承継の円滑化に関する法律」（経営承継円滑化法）では，事業承継における遺留分制度の課題を解決するために，民法の特例を設けています。

　具体的には，後継者が現経営者から生前贈与された自社株式について現経営者の推定相続人全員と後継者の間で，贈与を受けた株式について，遺留分算定の基礎から除外したり，遺留分算定の基礎に算入する額を固定したりという合意をすることができます。これにより，相続時の紛争を回避するとともに自社株式の分散を防止することが可能になります。

〈参照すべき法律〉
・民　法「第5編　相続」
　　　　　「第7章　遺言」（960条〜1027条）
　　　　　「第9章　遺留分」（1042条〜1049条）

・法務局における遺言書の保管等に関する法律〔遺言書保管法〕

・中小企業における経営の承継の円滑化に関する法律〔経営承継円滑化法〕

4. 遺産分割

(1)　事業承継との関係

　遺産分割とは，相続財産について，相続財産のうち何を誰が相続するかを相続人全員で話し合いをし，決定するというものです。なお，遺言がある場合には，遺言が遺産分割に優先するのが原則です。

　事業承継の場面では，現経営者である被相続人が保有していた自社株式や，事業に必要な不動産等の資産をどうするかを後継者である相続人を含む相続人が協議することになります。仮に，自社株式について後継者が承継する旨の協議がまとまらなかった場合には，事業承継が円滑に進まない可能性があります。なお，借入金などのマイナスの資産（債務）については，相続人の協議だけでは決めることができず，債権者との合意が必要になります。

(2)　遺産分割協議の実際

　相続人間での遺産分割の協議がまとまりますと，**遺産分割協議書**という書面を作成するのが一般的です。

　遺産分割協議書は，相続財産の名義変更等の手続を踏まえ，相続人全員が署名のうえ市役所等で登録している個人の実印を押印し，印鑑証明書を添付することになります。ちなみに，不動産の相続登記や相続税の申告の手続には，遺産分割協議書が必要になります。

遺産分割協議書

　令和○年５月１日，山田太郎（住所：東京都千代田区麹町○丁目△番地）が死亡したため，山田太郎の共同相続人全員でその遺産について協議した結果，下記のとおり異議なく合意した。

記

１．株式会社ABC商事の全株式（○○○株）は，相続人山田一郎が相続する。

〜略〜

以上，後日の証として本書を作成し，各自署名押印する。

令和○年９月１日

　　住　　所　　　東京都千代田区麹町○丁目△番地
　　氏　　名　　　山　田　花　子　㊞実印

　　住　　所　　　東京都渋谷区代々木○丁目△番□号
　　氏　　名　　　山　田　一　郎　㊞実印

　　住　　所　　　東京都港区高輪○丁目△番□号
　　氏　　名　　　田　中　春　子　㊞実印

⑶ 分割協議がまとまらなかった場合

当事者である相続人間での遺産分割の協議がまとまらない場合には，相続人は**遺産分割調停**を**家庭裁判所**に申し立てることができます。遺産分割調停とは，当事者だけの話し合いでは調整が難しくても，客観的で中立な立場である調停委員に間に入ってもらうことで協議を成立させるというものです。

遺産分割調停によっても解決しなかった場合，**遺産分割審判**の手続に移行することになります。また，そもそも調停自体が困難な場合，相続人は遺産分割審判を家庭裁判所に申し立てることもできます。遺産分割審判では，さまざまな事情を加味したうえで，裁判官が遺産分割の内容を決めることになります。

〈参照すべき法律〉
・民　法「第5編　相続」
　　　　「第3章　相続の効力」
　　　　「第3節　遺産の分割」（906条〜914条）

・家事事件手続法

法律の誕生から運用開始まで

　日本には2000もの法律があるといわれていますが，法律はどのように誕生（改正を含みます。）し，その運用が開始されるのでしょうか。

　まず，社会のニーズを踏まえ法律の制定や改正を検討することになります。ちなみに法務省が所管する重要な法律（民法や会社法など）については，学者・実務家・官僚などで構成される**法制審議会**（法制審）という法務大臣の諮問機関で検討がなされるのが一般的です。

　次に，法律とすべき，もしくは法律を改正すべきということになりますと，法律案（法案）を作成し，それを国会に提出することになります。内閣（実際にはその法律を所管する省庁）が法案を作成し提出するもの（いわゆる「**内閣提出法（案）**」）と，国会議員が法案を作成し提出するもの（いわゆる「**議員立法（案）**」）とがあります。

　提出された法案は国会で審議されることになりますが，衆議院で先に審議するのが原則です。そして衆議院と参議院の両院で法案が可決されますと法律として成立することになります。

　法律が国会で成立したかどうかということは，普通，国民にはわかりません。そこで，法律ができたことを国民に知らせるために，国の機関紙である「**官報**」にその内容が掲載されます。これを「**公布**」といい，官報に掲載された日が「**公布日**」となります。

　成立した法律の運用の開始を「**施行（しこう）**」といい，具体的な運用の開始日を「**施行日**」といいます。施行日は，その法律もしくは政令で定められることになります。

Part 4

民法・契約等のポイント

1. 売 買

(1) 事業承継との関係

　売買とは，ある人（売主）がある人（買主）に財産（目的物）を譲渡することを約束し，買主が売主に目的物の対価（代金）を支払うことを約束するという，日常生活やビジネスにおいて，もっとも頻繁に利用される契約です。

　事業承継の場面では，現経営者が保有している自社株式を後継者に売却するというのが典型例といえます。また，現経営者個人が所有する事業に必要な資産―たとえば本社屋の底地―を後継者や会社が購入することも想定されます。さらに，事業承継の前提として，会社を磨き上げるために最新の設備を会社が購入するケースなども考えられます。

(2) 売買契約の要素

　売買契約で重要な要素となるのは，**当事者・目的物・代金**の3つといえます。

① 当事者

　売買契約における当事者とは，売主と買主が誰なのかということです。

　そこには，契約の当事者として適格であるかということも含みます。つまり，会社が売買の当事者となる場合には，目の前にいる人が契約を結ぶことができる権限があるかどうかということです。たとえば会社が当事者であれば，代表取締役ということになりります。また，暴力団等の，いわゆる**反社会的勢力**との取引については，トラブルの温床となるとともに，社会的な非難の対象となりますので，絶対に避けなければなりません。

② 目的物

売買契約における目的物とは，売買の対象となる財産は何かということです。

目的物については，その種類・品質・数量を明らかにする必要があり，仮にそれらが契約の内容に適合していない場合には，売主は買主に対して**契約不適合責任**を負うことになります。具体的には，売主は目的物を修理したり，代替品と交換することになりますし，買主は代金の減額を請求することもできます。また，一定の場合，買主はそもそもの契約を解除することもできますし，売主に損害賠償を請求することも可能です。

③ 代 金

売買契約における代金とは，売買の対象となる財産の対価となる金額ということです。なお，代金の内容としては，支払時期・方法や手付金などの取決めも含んで考えることになります。

(3) 譲渡制限付株式の売買

譲渡制限付株式が売買の目的物である場合，民法の売買のルールによるとともに，会社法の規定に従った手続を行う必要があります。

☞ 「(4)株式の譲渡」(20ページ)

具体的には，株式を譲渡しようとする者は，その承認を会社に求めることになります。ちなみに，会社が承認請求を拒絶する場合には，その株式を買い受ける者を指定するか，会社自身で買い取る必要があります。

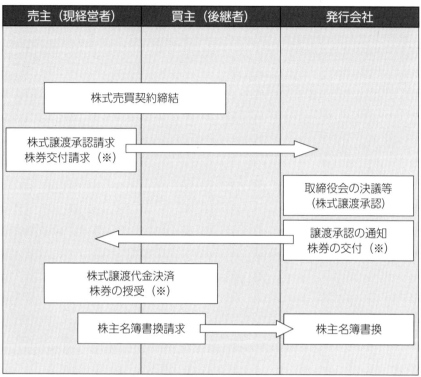

図表4-1-1◆株式売買の流れ

（※）発行会社が株券発行会社で，現実不発行の場合

記載例4-1-2◆株式売買契約書

株式売買契約書

　山田　太郎（以下，「売主」という。）と　山田　一郎（以下，「買主」という。）は，株式会社ABC商事（本店：東京都新宿区西新宿○丁目△番□号　代表取締役：山田　太郎／以下，「発行会社」という。）の株式について以下のとおり売買契約を締結した。

第1条（目的）
　売主は，買主に売主が保有する発行会社の株式○○○株（以下，「本件株式」という。）を金○○○万円で売り渡し，買主はそれを買い受けた。

第2条（承認請求）
　売主は，発行会社に対し本件株式について前条にかかる譲渡承認請求を行うものとする。

第3条（保証）
　売主は，買主に対し本件株式を他人のための担保に供していないだけでなく，その権利に何らの瑕疵がないことを保証する。

第4条（売買代金の支払い）
　買主は，本件株式の売買代金を本日付で売主の指定する銀行口座への振込送金の方法により支払う。

第5条（所有権の移転）
　本件株式の所有権は，前条の売買代金の支払いの時に移転する。

第6条（規定外事項）
　売主および買主は，本契約に定めのない事項及び本契約の条項に疑義が生じたときに，互いに誠意をもって協議するものとする。

　以上，本契約を証するため本書 2 通を作成し，各自署名押印のうえ，各 1 通を保有する。

令和○年12月 5 日

（売主）
　　　住　　所　　東京都千代田区麹町○丁目△番地
　　　氏　　名　　<u>　山田　　太郎　　　　　　</u>　　㊞

（買主）
　　　住　　所　　東京都渋谷区代々木○丁目△番□号

　　　氏　　名　　<u>　山田　　一郎　　　　　　</u>　　㊞

⑷　売買と利益相反

　会社とその取締役が売買契約の各当事者になる場合，両者は利益が衝突することになります。たとえば，買主である会社は 1 円でも安く買いたいわけですし，売主である取締役は 1 円でも高く売りたいと考えるわけです。このような取引を**利益相反取引**といい，会社の利益を保護する必要があります。

　そこで，利益相反取引を行う場合に，取締役会を設けていない会社では株主総会において，取締役会を設けている会社では取締役会において，その取引の内容を開示したうえで承認を得なければならないと会社法で規定されています。

〈参照すべき法律〉
　・民　法「第3編　債権」
　　　　　　「第2章　契約」
　　　　　　「第3節　売買」（555条〜585条）

　・会社法「第2編　株式会社」
　　　　　　「第2章　株式」
　　　　　　「第3節　株式の譲渡等」
　　　　　　　「第2款　株式の譲渡に係る承認手続」
　　　　　　　（136条〜145条）
　　　　　　「第4章　機関」
　　　　　　「第4節　取締役」（356条）
　　　　　　「第5節　取締役会」（365条）

2. 贈　与

(1)　事業承継との関係

　贈与とは，ある人（贈与者）がある人（受贈者）に財産（目的物）を無償で譲渡することを約束し，受贈者がそれに同意するという契約です。贈与は売買とは異なり，原則として対価が発生しませんので，親子間といった近しい親族同士で行われるのが一般的です。

　事業承継の場面では，現経営者が保有している自社株式を後継者に贈与するというのが典型例といえます。

(2)　贈与契約と意思

　贈与も契約ですから，当事者の意思というものが不可欠ですが，とりわけ贈与者は対価を得ないということで，代金という対価を得る売買以上に，その意思の確認が重要になってきます。

　一般的に贈与者が高齢者であることが多いことから，その判断能力の確認も重要となってきます。仮に贈与者の判断能力が喪失・減退していた場合には，贈与契約が無効となることや取り消されることもあります。

(3)　特殊な贈与の形態

　贈与には，売買などの有償の契約とは異なり，以下のような特則が設けられています。

①　書面によらない贈与
いわゆる口約束での書面によらない贈与契約については，売買契約等と異な

り，当事者はいつでもやめることができます。

そこで，自社株式といった重要な目的物を贈与するケースでは，後日の無用なトラブルを回避するという観点からも，書面すなわち贈与契約書を作成すべきです。

② 負担付贈与

贈与は対価のない無償が原則ですが，ある種の負担を伴う贈与契約というものも認められています。これを**負担付贈与**といいます。

具体的には，現経営者から後継者に自社株式を贈与する代わりに，後継者に老後の面倒をみてもらうという負担を負わせるというのが典型例といえます。

③ 死因贈与

贈与契約に条件や期限を設けることも可能です。たとえば，贈与者である現経営者が亡くなることを条件に自社株式を後継者に贈与するというケースです。これを**死因贈与**といいます。

死因贈与は，遺言による遺贈と性質が似ていますので，遺贈の規定が準用されますが，あくまで契約ですから遺言の方式をとる必要はありません。

(4) 譲渡制限付株式の贈与

譲渡制限付株式が贈与の目的物である場合，民法の贈与に関するルールによるとともに，会社法の規定にしたがった手続を行う必要がありますが，具体的な手続については，代金の部分を除き，売買と同様です。

☞ 「(3)譲渡制限付株式の売買」（85～88ページ）

記載例4-2-1◆株式贈与契約書

株式贈与契約書

　山田　太郎（以下，「贈与者」という。）と山田　一郎（以下，「受贈者」という。）は，株式会社ABC商事（本店：東京都新宿区西新宿○丁目△番□号　代表取締役：山田　一郎／以下，「発行会社」という。）の株式について次のとおり譲渡契約を締結した。

第1条（目的）
　贈与者は，受贈者に贈与者が保有する発行会社の株式○○○株を贈与し，受贈者はこれを受贈した。

第2条（承認請求）
　贈与者は，発行会社に対し本件株式について前条にかかる譲渡承認請求を行うものとする。

第3条（保証）
　贈与者は，受贈者に対し本譲渡株式を他人のための担保に供していないだけでなく，その権利に何らの瑕疵がないことを保証する。

第4条（所有権の移転）
　本件株式の所有権は，本契約締結の時に移転する。

第5条（規定外事項）
　贈与者および受贈者は，本契約に定めのない事項及び本契約の条項に疑義が生じたときには，互いに誠意をもって協議するものとする。

　以上，本契約を証するため本書1通を作成し，贈与者および受贈者が署名押印のうえ，受贈者が原本を保有する。

令和○年1月15日

（贈与者）

　　　　住　　　所　　東京都千代田区麹町〇丁目△番地

　　　　氏　　　名　　山田　　太郎　㊞

（受贈者）

　　　　住　　　所　　東京都渋谷区代々木〇丁目△番□号

　　　　氏　　　名　　山田　　一郎　㊞

〈参照すべき法律〉
・民　法「第3編　債権」
　　　　「第2章　契約」
　　　　「第2節　贈与」（549条〜554条）

・会社法「第2編　株式会社」
　　　　「第2章　株式」
　　　「第3節　株式の譲渡等」
　　　「第2款　株式の譲渡に係る承認手続」
　　　（136条〜145条）

3. 担　保

(1)　事業承継との関係

　担保とは，債権者が債権（**被担保債権**）の保全を図るためのもので，金銭消費貸借による貸付けなどの与信と密接な関係にあります。担保は，債務者の信用を補完し，債権者の優先弁済権を確保するためのものといえます。つまり，担保があれば債権者は安心して与信を提供することができるわけです。一方で，債務者は担保があれば有利な条件で資金等の調達をすることができることになります。なお，広い意味での担保には，人的担保といわれる「保証」を含みますが，ここでは債務者等が有する物もしくは権利（担保目的物）に対して設定する物的担保を取り上げます。

　事業承継の場面では，たとえば，現経営者が保有している自社株式を後継者が購入する資金の借入れをするために，購入した自社株式に譲渡担保権を設定するというのが典型例といえます。また，現経営者個人が所有する事業に必要な資産——たとえば本社屋の底地（土地）——を自社が購入する資金の融資を受けるために，その土地に抵当権を設定するというケースも想定されます。さらに，事業承継の前提として，自社の企業価値向上を図る目的で運転資金を調達するために，本社屋（建物）に根抵当権を設定するケースなども考えられます。

(2)　担保の分類

　物的担保は，【図表4-3-1◆物的担保の分類】のとおり整理することができます。具体的には，民法に規定のある**典型担保**と民法に規定のない**非典型担保**があります。また，法律上当然に発生する**法定担保**と契約により生じる**約定担保**があります。なお，担保そのものではありませんが，担保と類似もしくは代

替する機能を有するものもあります。

図表4-3-1◆物的担保の分類

典型	法定	留置権
		先取特権
		抵当権／根抵当権
		質権
非典型	約定	譲渡担保
		所有権留保（※）
		相殺予約（※）
		取引保証金（※）
		代理受領／振込指定（※）

（※）担保類似・代替

(3) 担保の性質

物的担保には，基本的に次のような性質があります。

① 優先弁済

担保権者は，担保目的物から競売手続等によることで他の債権者に優先して自己の被担保債権の満足を受けることができます。

② 付従性

被担保債権が存在しなければ担保も当然，存在しません。被担保債権が不成立または無効の場合には，担保も成立しませんし，被担保債権が消滅すれば，担保も消滅することになります。

③ 随伴性

被担保債権が移転すれば，担保もそれに伴って移転することになります。

④　不可分性

担保権者は，被担保債権の一部の弁済を受けたとしても，全部の弁済を受けるまで，担保目的物全部の交換価値を把握し続けることができます。つまり被担保債権の一部が弁済されたからといって，担保目的物の一部が当然に解放されるということにはなりません。

⑤　物上代位

担保権者は，担保目的物だけでなく，その代替物にも追及をすることができます。たとえば，建物が担保目的物の場合で，その建物が火災で焼失したようなときには，建物の火災保険による損害賠償金にも担保が及ぶことになります。

⑷　抵当権

抵当権とは，特定の被担保債権を保全するために不動産（土地・建物）に設定する約定担保物権です。つまり不動産の所有者である抵当権設定者がその不動産を使用したままで債権者である抵当権者が担保とすることができるという

記載例4-3-2◆抵当権設定の登記

権　利　部（　乙　区　）(所 有 権 以 外 の 権 利 に 関 す る 事 項)			
順位番号	登記の目的	受付年月日・受付番号	権利者その他の事項
1	抵当権設定	令和○年５月23日 第○○○○号	原因　令和○年５月23日金銭消費貸借同日設定 債権額　金１億円 利息　年3.25% 損害金　年14% 債務者　東京都新宿区西新宿○丁目△番□号 　株式会社ABC商事 抵当権者　東京都千代田区大手町○丁目△番□号 　株式会社帝国銀行 （取扱店大手町支店）

ものです。なお，抵当権は，第三者に権利を主張するための対抗要件を備えるには**不動産登記**が必要となります。

　抵当権者は，債務者に債務不履行があった場合，裁判上の手続である担保権の実行として不動産を競売することにより，その不動産から優先的に弁済を受けることができます。

⑸　根抵当権

　根抵当権とは，発生と消滅を繰り返す一定の被担保債権を**極度額**の範囲で保全するために**不動産（土地・建物）**に設定される約定担保物権です。つまり不動産の所有者である根抵当権設定者がその不動産を使用したままで債権者である根抵当権者が担保とすることができるというものです。なお，根抵当権は，第三者に権利を主張するための対抗要件を備えるには**不動産登記**が必要になります。

　根抵当権者は，債務者に債務不履行があった場合，裁判上の手続である担保権の実行として不動産を競売することにより，その不動産から優先的に弁済を受けることができます。

記載例4-3-3◆根抵当権設定の登記

権　利　部（　乙　区　）(所 有 権 以 外 の 権 利 に 関 す る 事 項)			
順位番号	登記の目的	受付年月日・受付番号	権利者その他の事項
1	根抵当権設定	令和〇年1月18日第〇〇〇〇号	原因　令和〇年1月18日設定 極度額　金1億円 債権の範囲　銀行取引　手形債権　小切手債権 債務者　東京都新宿区西新宿〇丁目△番□号 　　株式会社ABC商事 根抵当権者　東京都千代田区大手町〇丁目△番□号 　　株式会社帝国銀行 　　(取扱店 大手町支店)

⑹　譲渡担保権

　譲渡担保権とは，物の所有権を担保の範囲で債権者に移転する，**判例**で認められた約定担保物権です。譲渡担保権は不動産・動産・債権のいずれも対象とすることができます。

　譲渡担保権者は，債務者に債務不履行があった場合に裁判上の手続によることなく，担保の目的物から優先的に弁済を受けることができます。

〈参照すべき法律〉
　・民　法「第2編　物権」
　　　　　　「第7章　留置権」（295条～302条）
　　　　　　「第8章　先取特権」（303条～341条）
　　　　　　「第9章　質権」（342条～368条）
　　　　　　「第10章　抵当権」（369条～398条の22）

4. 保　証

(1)　事業承継との関係

　保証とは，保証人が債務者（主債務者）の信用を補完するために行う，債権者と保証人との契約のことをいいます。つまり，主債務者に債務不履行があった場合には，保証人が主債務者に代わり，債権者に債務の弁済を行わなければなりません。したがって，保証は一種の債務と位置付けることもできます。

　現状，中小企業が金融機関等から資金を調達する場合には，現経営者が保証をするのが一般的です。

　事業承継の場面では，保証人である現経営者の相続に際して，相続人がその保証債務を承継するということが問題になります。また，事業承継が行われた際には，後継者は金融機関等の債権者から保証を求められるのが一般的であり，その負担は決して軽いものではありません。それらは事業承継がスムーズに進まない要因にもあげられています。

(2)　通常保証と連帯保証

　通常の保証の場合，保証人は，債権者から請求を受けた場合，先に主債務者に請求するよう主張することができます（催告の抗弁）。また，主債務者に資力がある場合，先に主債務者から回収するよう主張することもできます（検索の抗弁）。そして，保証人が複数いる場合，1人の保証人は債務の全額ではなく，人数頭割りした分だけを返済すれば足ります（分別の利益）。

　一方で，**連帯保証**の場合，保証人はそれらの主張をすることはできません。つまり，連帯保証人は主債務者と同等の義務を負うといっても過言ではありません。

　そのようなことから，ビジネスの場面では，債権者にとって有利な連帯保証

が利用されるのが一般的です。

(3) 通常保証と根保証

通常の保証の場合，保証の範囲が特定の債務であり，その債務がなくなれば保証債務も消滅することになります。

一方で，根保証の場合，債権者と主債務者との反復継続する一定の取引について，一定の額（**極度額**）を一定の日（**元本確定期日**）まで広範囲にわたって保証するというものです。

そのようなことから，ビジネスの場面では，根保証が使われることが少なくありません。ちなみに，通常保証と根保証の関係は，担保物権である抵当権と根抵当権の関係に類似しているといえます。

(4) 保証人の保護

保証人にとって非常に大きな負担を強いることから，保証人を保護するために以下のようなルールが定められています。

① 書面契約
保証契約は，保証人にその内容等をしっかりと把握してもらうために，必ず書面でしなければなりません。

② 保証意思宣明公正証書
ビジネス上の借入に対して個人である第三者が保証をする場合，保証契約に先立ち，保証人がその内容等を把握しているかどうかを確認するために，公正証書（**保証意思宣明公正証書**）を作成しなければなりません。

③　情報提供業務

保証人に想定外の損害が及ばないように，主債務者や債権者に【図表4-4-1
◆保証人への情報提供義務】のとおりの義務が課されています。

	保証契約時	保証契約後	期限の利益喪失時
	図表4-4-1◆保証人への情報提供義務		
誰が	主債務者	債権者	債権者
誰に	個人の保証人	委託を受けた保証人	個人の保証人
何を	債務者の財産状況等	債務者の弁済状況等	期限の利益を喪失した旨

④　経営者保証ガイドライン

会社が金融機関から事業資金を借入れする場合には，経営者が（連帯）保証
人になるのが一般的です（**経営者保証**）。この場合，仮に会社が事業に失敗し
破綻してしまうと，経営者個人も破綻せざるを得なくなってしまいます。こう
いった重い責任を負うことから，事業経営が委縮してしまったり，事業承継の
障害になっているといった指摘も少なくありません。

そのような声を受け，中小企業庁と金融庁の後押しで，日本商工会議所と全
国銀行協会が事務局となり，経営者保証に関する自主ルールである「経営者保
証ガイドライン」というものが策定されました。

具体的には，会社と経営者個人が明確に分離されている場合には経営者個人
に保証を求めないことを柱とし，事業承継の場合の特則としては現経営者と後
継者の双方からの二重の個人保証を原則禁止とすることが示されています。

〈参照すべき法律〉
・民　法「第3編　債権」
　　　　「第1章　総則」
　　　　「第3節　多数当事者の債権及び債務」
　　　　「第5款　保証債務」（446条～465条の10）

─法律を読み解くためのヒント④─

法律の分類

　法律はいくつかの観点で分類をすることができます。

　まず，あげられるのが「**実体法**」と「**手続法**」という分類です。実体法とは権利義務の発生・消滅などの法律関係の内容を規定するもので，手続法とは実体法で定められた内容を具体的に実現するための手続を規定するものです。たとえば民法や会社法が実体法であり，民事訴訟法や商業登記法が手続法ということになります。

　次に，「**一般法**」と「**特別法**」という分類の仕方があります。一般法とは，一般原則となる内容を規定するもので，特別法とはある特別な場合や対象を限定とした内容を規定するものです。民法と会社法を例にとりますと，民法は私たちの生活やビジネスに関する一般原則を規定する一般法です。かたや会社法は民法の特別法として会社を対象にするものです。ただし，会社法は会社に関する一般原則を規定する一般法という位置づけもあります。そして，重要なのは，特別法が一般法に優先するということです。会社法第1条には"会社の設立，組織，運営及び管理については，<u>他の法律に特別の定めがある場合を除くほか</u>，この法律の定めるところによる。"とあります。つまり，会社の設立等々については，他の法律に規定がある場合にはそれを適用し，ない場合には会社法を適用するという意味です。

　民法や会社法といった基本的な法律が制定・改正されますと，その他の法律にも影響が及ぶことは少なくありません。具体的には条文の番号や用語の変更といった形式的なものや，連動して内容に修正を迫られるものがあるということです。それらに対応する目的で制定されるのが「**整備法**」（正式にはもっと長い名称で，たとえば会社法制定時のものは「会社法の施行に伴う関係法律の整備等に関する法律」といいます。）です。新法や改正法に注目は集まりがちですが，整備法も見逃せません。

Part 5

税法のポイント

1. 所得税

(1) 事業承継との関係

　所得税は，個人の所得に対し，所得税法に基づき課される税金で，その課税対象は広範に及びます。具体的には，所得を10種類に区分し，その区分ごとに所得金額を計算することになります。

図表5-1-1◆所得の区分

区分	例
利子所得	預貯金・公社債の利子
配当所得	剰余金の配当
不動産所得	土地・建物等の賃貸料
事業所得	個人事業による収益
給与所得	給料・賞与
退職所得	退職金
山林所得	山林の伐採・譲渡による収益
譲渡所得	株式等の資産の譲渡による収益
一時所得	生命保険の一時金や損害保険の満期返戻金
雑所得	公的年金

　事業承継の場面において，後継者が現経営者の親族以外の者（たとえば自社の役員・従業員や第三者）である場合には，通常，現経営者が所有する自社株式を後継者に売却することになります。この場合，現経営者に対する所得税が問題になります。

　☞　「1. 売買」（84ページ〜）

⑵ 譲渡所得税のアウトライン

　個人の所有する資産を売買等により譲渡した場合には，その譲渡益が譲渡所得とされ，所得税が課されることになります。また，譲渡所得には地方税である住民税も課されます。

　譲渡所得は，譲渡する資産の種類によって**総合課税**（事業所得や給与所得などを合算し，これに累進税率を乗じて税額を計算するもの）の対象になるものと，**分離課税**（総合課税とは別に区分して所得を計算し，これに一定の税率を乗じて税額を計算するもの）の対象になるものがありますが，株式の譲渡については分離課税の対象となるため，その譲渡所得に対して一定の税率を乗じて税額を計算することになります。

⑶ 自社株式譲渡の所得税額等の計算

　自社株式を現経営者が後継者に売却した場合の所得税等（住民税を含みます。）は，自社株式の売却額（総収入金額）から，現経営者が自社株式を取得するために要した取得費（会社に対する出資額など）と売却するために要した譲渡費用（株価の算定費用など）の合計額を差し引いて譲渡所得額を算定します。その所得額に一定の税率（20.315％）を乗じて税額を計算することになります。

　具体的な計算例は次のとおりになります。

〈計算例〉

売却額	3億円
取得費	5,000万円
譲渡費用	1,000万円

　→　3億円－（5,000円＋1,000万円）＝**2億4,000万円**
　⇒　2億4,000万円×20.315％
　　　≒**4,876万円**（所得税額等）

2. 相続税

⑴　事業承継との関係

　相続税は，相続人等が相続等により被相続人の財産を取得した場合に，その取得した財産に対し，相続税法に基づき課される税金です。

　事業承継の場面では，現経営者（たとえば父）が死亡した場合に，後継者（たとえば長男）が現経営者が保有していた自社株式を相続により承継したときに相続税が問題になります。

　☞　「Part 3　民法・相続のポイント」（61ページ〜）

⑵　相続税のアウトライン

　相続税は，正味の相続財産（プラスの財産−借金等マイナスの財産）から**相続税の基礎控除額**（3,000万円＋600万円×法定相続人の数）を差し引いた課税遺産総額に，法定相続分に応じた各相続人の相続財産額を算出し，これに税率を乗じて相続税の総額を計算します。その相続税の総額に各相続人の実際の財産取得割合を乗じ，一定の控除額を差し引いて各相続人の相続税額を計算し，納付すべき相続税額がある場合には，**相続開始後10か月以内**に相続税の申告を行い，納税をすることになります。

　ちなみに，正味の相続財産が相続税の基礎控除額以下であれば，相続税はかかりませんし，相続税の申告も不要です。

⑶　相続税額の計算

　現経営者である父の死亡により，後継者である長男が，自社株式を相続により承継した場合の相続税の具体的な計算例は次のとおりになります。

〈計算例〉

被相続人　父（現経営者）

相続人　　長男（後継者）のみ

相続財産　自社株式（課税価格＝3億円）のみ

控除すべき借金等　なし

→　3億円−（3,000万円＋600万円×1人）
　　＝2億6,400万円（課税遺産総額）

⇒　2億6,400万円×45％−2,700万円（控除額）
　　＝9,180万円（相続税額）

図表5-2-1◆相続税の速算表

法定相続分に応じた取得金額	税率	控除額
1,000万円以下	10%	−
3,000万円以下	15%	50万円
5,000万円以下	20%	200万円
1億円以下	30%	700万円
2億円以下	40%	1,700万円
3億円以下	45%	2,700万円
6億円以下	50%	4,200万円
6億円超	55%	7,200万円

3. 贈与税

(1) 事業承継との関係

　贈与税は，贈与者（個人）からの贈与により財産を取得した受贈者（個人）に対して，相続税法に基づき課される税金です。

　事業承継の場面では，現経営者が生前，自社株式を後継者に贈与したときに贈与税が問題になります。

　☞ 「2. 贈与」（90ページ〜）

(2) 贈与税のアウトライン

　贈与税の課税方法を大別すると，原則的な方法である**暦年課税制度**と，一定の要件に該当する場合に適用できる**相続時精算課税制度**があります。

　暦年課税制度とは，1年間（1月1日〜12月31日）に贈与により取得した財産を基礎として贈与税額を計算するというもので，一定の納付すべき贈与税額がある場合には，贈与税の申告を行い，納税をすることになります。また，暦年課税には，贈与者・受贈者の関係性を問わない「一般贈与」に適用される税率と，贈与者が父や祖父といった直系尊属で受贈者が20歳以上の子や孫といった直系卑属に適用される「特例贈与」に適用される税率とがあります。

　相続時精算課税制度とは，贈与者と受贈者が一定の親族関係にある場合で，60歳以上の贈与者（たとえば父）から20歳以上の推定相続人（たとえば長男）が贈与を受けた場合に，贈与時には暦年課税に比べ，受贈者にとって有利な取扱い（特別控除額2,500万円／税率20％）による贈与税額を納付し，その後の相続時には，受贈財産と相続財産を加えて計算した相続税額から，納付済みの贈与税額を控除して実際の相続税額を計算するというものです。なお，相続時精算課税制度を利用した場合には，贈与時に納税の有無にかかわらず，贈与税

の申告が必要になります。

(3)　贈与税額の計算

　暦年課税制度による贈与税の計算方法は，贈与により取得した財産の課税価格から**贈与税の基礎控除額**（110万円）を差し引き，これに税率を乗じて税額を計算することになります。

　たとえば，現経営者である父から後継者である長男に自社株式を贈与した場合の贈与税の具体的な計算例は次のとおりになります。

〈計算例〉

|贈与者|　父（現経営者）

|受贈者|　30才の長男（後継者）

|贈与財産|　自社株式（課税価格＝3億円）

　→　3億円－110万円＝2億9,890万円

　⇒　2億9,890万円×55％－640万円（控除額）

　　　≒1億5,800万円（贈与税額）

図表5-3-1◆贈与税の速算表

〈一般贈与〉

基礎控除後の課税価格	税率	控除額
200万円以下	10%	－
300万円以下	15%	10万円
400万円以下	20%	25万円
600万円以下	30%	65万円
1,000万円以下	40%	125万円
1,500万円以下	45%	175万円
3,000万円以下	50%	250万円
3,000万円超	55%	400万円

〈特例贈与〉

基礎控除後の課税価格	税率	控除額
200万円以下	10%	－
400万円以下	15%	10万円
600万円以下	20%	30万円
1,000万円以下	30%	90万円
1,500万円以下	40%	190万円
3,000万円以下	45%	265万円
4,500万円以下	50%	415万円
4,500万円超	55%	640万円

4. 事業承継税制

(1) 事業承継との関係

　資産を相続や贈与により取得した場合には，多額の納税負担を強いられるケースがあります。その税負担を軽減することを目的に行われるのが**相続税対策**といわれるものです。

　事業承継の場面では，現経営者から後継者が自社株式を相続や贈与により承継することが少なくありませんが，その税負担が事業承継の大きな障害になっているとの指摘が少なくありませんでした。

　そこで，「中小企業における経営の承継の円滑化に関する法律」（**経営承継円滑化法**）の一環として自社株式に関する相続税・贈与税の納税猶予制度が創設されました。これが，「事業承継税制」といわれるものです。

(2) 事業承継税制のアウトライン

　平成21年度税制改正により導入された事業承継税制は，一定の要件を充たす現経営者・後継者・自社について，自社株式を現経営者から後継者に相続または贈与する場合の相続税・贈与税の納税を猶予・免除するというものです。この制度については，特に利用する期限は定められていないことから「**一般措置**」と呼ばれています。

　一般措置は，納税猶予後の雇用確保の継続などの要件が厳しく，その猶予等の対象となる自社株式も3分の2までに限られていることから，あまり利用が進んでいませんでした。

　そこで，平成30年度税制改正により一般措置の要件を緩和し，使い勝手のよい，いわゆる「**特例措置**」が平成30（2018）年1月1日から10年間の期限付きで設けられました。

	一般措置	特例措置
		図表5-4-1◆一般措置と特例措置
適用期限	なし	平成30（2018）年1月1日 〜令和9（2027）年12月31日
事前の計画策定	不要	特例承継計画の提出が必要
対象株式	発行済議決権株式総数の3分の2まで	**全株式**
納税猶予割合	相続税額→80% 贈与税額→100%	相続税額→**100%** 贈与税額→100%
贈与者等	複数株主	複数株主
後継者	1人	**3人まで**
雇用要件	5年平均で80%維持	実質的に撤廃
事業の継続が困難な場合の免除	なし	経営環境の変化に応じて減免

(3) 事業承継税制に関する手続

① 一般措置

相続の発生または贈与の実行後，一定の期限内（相続の場合には相続開始日から8か月以内／贈与の場合には贈与の翌年1月15日まで）に都道府県知事へ認定申請をするとともに，各税務申告をすることになります。

都道府県知事の認定後，都道府県知事には年次報告を，税務署長には継続届出書を提出する必要があります。

② 特例措置

特例措置の適用を受けるには，後継者や今後の経営計画等を定めた特例承継計画を策定し，認定された税理士・公認会計士等が担う「認定経営革新等支援機関」の所見を加えたものを，令和5（2023）年3月31日までに都道府県知事に提出し，確認を受けなければなりません。

相続の発生または贈与の実行後，一定の期限内（相続の場合には相続開始日

から8か月以内／贈与の場合には贈与の翌年1月15日まで）に都道府県知事へ認定申請をするとともに，各税務申告をすることになります。

　都道府県知事の認定後，都道府県知事には年次報告を，税務署長には継続届出書を提出する必要があります。

⑷　事業承継税制に関する効果等

①　一般措置

　後継者である相続人が相続により自社株式を取得し，自社の経営を継続している場合には，後継者が納付すべき相続税額のうち，その自社株式（発行済議決権株式の**3分の2**までの部分）の課税価格の**80％**に対応する相続税額の納税が猶予され，その後，後継者が死亡したときには，猶予されていた相続税が免除されます。

　後継者である受贈者が贈与により自社株式を取得し，自社の経営を継続している場合には，その自社株式（発行済議決権株式の**3分の2**までの部分）につき納付すべき贈与税の納税が猶予され，その後，贈与者である現経営者が死亡したときには，猶予されていた贈与税が免除されます。

②　特例措置

　後継者である相続人が相続により自社株式を取得し，自社の経営を継続している場合には，後継者が納付すべき相続税額のうち，その自社株式の課税価格全額に対応する相続税額の納税が猶予され，その後，後継者が死亡したときには，猶予されていた相続税が免除されます。

　後継者である受贈者が贈与により自社株式を取得し，自社の経営を継続している場合には，その自社株式につき納付すべき贈与税全額の納税が猶予され，その後，贈与者である現経営者が死亡したときには，猶予されていた贈与税が免除されます。

5. | 株式の評価

(1) 事業承継との関係

　資産の売買等をする場合には，その価格をいくらにするかを決める必要があります が，その資産が非上場株式であるときには，証券取引所等の時価がない ため，客観的な価格を算定することは容易ではありません。

　事業承継の場面では，現経営者が自社株式を後継者に売買や贈与をしたり， または後継者が相続により承継した場合に，自社株式の価格がいくらになるの かという株式の評価が問題になります。なお，株式の評価にはさまざまな手法 がありますが，ここでは，中小企業で用いられることが多い税務上の観点から 見ることにします。

　☞　「1．所得税」（104ページ～），「2．相続税」（106ページ～），「3． 贈与税」（108ページ～）

(2) 株式評価のアウトライン

　事業承継の対象となる中小同族会社株式の税務上の一般的な評価は，会社の 従業員数や取引金額，総資産価額を基準として，会社の規模（大会社・中会 社・小会社）に応じた評価方式により株式の評価を行います。

　類似業種比準方式は，国税庁が公表する類似業種の平均株価に1株あたりの 配当・利益・簿価純資産価額を考慮した一定の比率を乗じて株式の評価を行う ものです。**純資産価額方式**は，国税庁の財産評価基本通達に基づく相続税評価 額により算定した純資産価額をベースに株式の評価を行うものです。**類似業種 比準方式・純資産価額方式の併用方式**は，両方式で算定した評価額の折衷価額 により株式の評価を行うものです。

大会社	中会社	小会社
類似業種比準方式	類似業種比準方式と純資産価額方式の併用方式	純資産価額方式

図表5-5-1◆会社規模と評価方式

(3)　株式評価額の計算

　たとえば，従業員数が70人以上の会社は大会社に該当することになりますので，類似業種比準方式を用いることになります。

　類似業種の平均株価に配当・利益・簿価純資産価額を考慮した一定の比率を乗じ，さらに評価の斟酌率を乗じて算出されたものが1株の評価額となり，それに承継する株式数を乗じたものが承継株式の価格ということになります。

〈計算例〉

会社規模	大会社
評価方式	類似業種比準方式
平均株価	1万円
一定比率	1.3
評価の斟酌率	0.7
承継株式数	5,000株

→　1万円×1.3×0.7＝**9,100円**（1株の評価額）

⇒　9,100円×5,000株
　　＝**4,550万円**（承継株式の価格）

┌───┐

─法律を読み解くためのヒント⑤─

法令の規定

　法令の規定でまず注目すべきものとして，「**目的規定**」（もしくは「趣旨規定」）というものがあります。冒頭の第1条に設けられていて，その法令がどんな内容であるかを端的に要約しているものです。代表的なものとしては，会社法の第1条（趣旨）がこれにあたります。ただし，民法や刑法といった古い法律には目的規定がないものもあります。ちなみに憲法にも目的規定はありませんが，その趣旨を明らかにするために「前文」が設けられています。

　次に「**定義規定**」というものがありますが，これは，その法令の中でしばしば登場してくる用語の定義を定めたものです。代表的なものとしては，会社法の第2条（定義）がこれにあたります。それぞれの定義をきちんと把握していないと，各条文の意味を取り違えてしまうことになりかねません。また，定義規定にではなく，各条文で用語が定義されている場合もあります。

　「**強行規定**」と「**任意規定**」というのも重要です。強行規定とは当事者間での合意は許されず法令の定めたとおりにしなければならないというものです。民法の担保の分野や税法はほとんどが強行規定です。任意規定とは，当事者の合意が法令に優先するというもので，法令は当事者の合意がない場合に適用される規定ということになります。民法の契約の分野では任意規定が少なくありません，なお，法令には強行規定であるか任意規定であるかが明示されているわけではありませんので，各規定の趣旨を踏まえて解釈していく必要があります。

　もう1つ「**ただし書規定**」というものがあります。これは条文の本文で原則的なルールを規定したうえで，「ただし，〜」というかたちで例外的なルールを規定しているというものです。民法や会社法にも相当の数がありますが，この部分を読み飛ばしてしまうと大きなミスにつながりかねません。

└───┘

Part 6

その他関連法のポイント

1. 信　託

⑴　事業承継との関係

　信託とは，ある人（**委託者**）がある人（**受託者**）に対し，ある財産（**信託財産**）の管理や処分を任せることにより（信託契約等），委託者が指定する人（**受益者**）に利益を配分するという仕組みです。平成18（2006）年に信託法が全面的に見直され，信託の自由度が高まったことにより，幅広い活用が可能になりました。ただし，売買等と比較しますと複雑であり，実例がそれほど蓄積されているとはいえませんので，とりわけ税務面では慎重な対応が求められます。

　事業承継の場面では，現経営者から後継者へ自社株式を生前に引き継ぐケース（他益信託），遺言の代わりとするケース（遺言代用信託），何世代かにわたる承継を想定するケース（受益者連続信託）などで信託を利用することが考えられます。

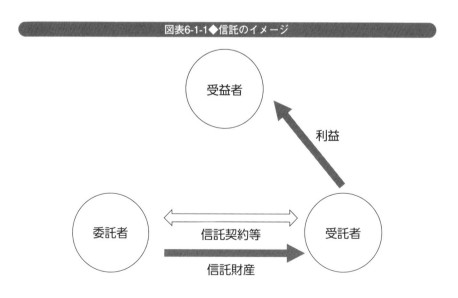

図表6-1-1◆信託のイメージ

(2) 他益信託

　他益信託とは，委託者と受益者が別人となるものをいいます。たとえば，現経営者を委託者，後継者を受益者として自社株式を信託するというケースが考えられます。これにより，後継者の地位が明確になるとともに，実質的に自社株式を生前贈与したのと同様の効果が得られます。なお，その時点では後継者が未熟等である場合，現経営者が自社株式の議決権行使について指図をする権利を持っておけば，経営の実権を維持しておくことも可能です。

(3) 遺言代用信託

　遺言代用信託とは，委託者が受益者となり，自らが亡くなったときにはあらたに受益者となる者を定めておくものをいいます。たとえば，当初，現経営者を委託者兼受益者として自社株式を信託し，現経営者が亡くなったときには後継者が受益者となることを定めておくというケースが考えられます。これにより，遺言で後継者に自社株式を遺贈したのと同様の効果が得られます。加えて，遺言と異なり，信託契約で内容の変更をできないようにしておけば，後継者の地位が安定することになります。ただし，遺言代用信託の場合でも，生前贈与や遺贈と同様に遺留分の問題は生じることになります。

　☞ 「(6)遺留分」（75ページ）

(4) 受益者連続信託

　受益者連続信託とは，あらかじめ受益者の地位が順次移転することを決めておくものをいいます。たとえば，当初，現経営者を委託者兼受益者として自社株式を信託し，現経営者が亡くなったときには後継者である長男に，そして長男が亡くなった後は孫（長男の子）が受益者となるということを定めておくことが考えられます。これにより，長期にわたり承継する者を決定できることに

なり，経営紛争を回避する手立てとなります。ちなみに，このようなことは遺言ではできません。

〈参照すべき法律〉
　・信託法

2. 成年後見

⑴　事業承継との関係

　成年後見とは，判断能力が衰えたときに（備えて），本人の意思を尊重しつつ，財産を適正に管理し，介護等の生活のサポートをするための制度です。

　成年後見には，法律上の要件に基づく**法定後見**と当事者間の契約に基づく**任意後見**とに大別することができます。

　事業承継の場面では，現経営者の判断能力に支障が生じたような場合に，成年後見制度の利用を検討することになります。たとえば，大株主でもある現経営者が認知症などにより判断能力が衰えてしまったような場合，現経営者に代わって，保護者である後見人が株主権を行使するケースが考えられます。また，同様に現経営者の判断能力が衰えてしまったときに備え，後継者との間で任意後見契約を締結しておくことによって後継者にその後のことを託しておくというプランも考えられます。

⑵　法定後見

①　アウトライン

　法定後見には，判断能力の減退の程度に応じて重い順に「**後見**」・「**保佐**」・「**補助**」という3つの類型が設けられています。

図6-2-1◆法定後見の概要

	対象（程度）	名称 本人	名称 保護者	保護者の同意権・取消権	保護者の代理権
補助	判断能力が不十分（軽度）	被補助人	補助人	申立ての範囲で裁判所が定める行為	申立ての範囲で裁判所が定める行為
保佐	判断能力が著しく不十分（中度）	被保佐人	保佐人	民法13条1項各号の所定行為	申立ての範囲で裁判所が定める行為
後見	判断能力が欠如（重度）	被後見人	後見人	日常生活に関する行為以外の行為	すべての法律行為

②　手　続

　法定後見については，本人や親族の申立てに基づき，**家庭裁判所の審判**により開始することになります。なお，準備段階から開始まで，おおよそ3～6か月程度かかります。

図表6-2-2◆法定後見の手続の流れ

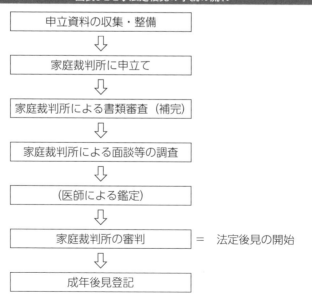

登　記　事　項　証　明　書

後　見

後見開始の裁判

　【裁　判　所】東京家庭裁判所

　【事件の表示】令和○年（家）第○○○号

　【裁判の確定日】令和○年 7 月23日

　【登記年月日】令和○年 7 月31日

　【登記番号】第20△△-12345号

成年被後見人

　【氏　　　名】山田　太郎

　【生年月日】昭和○年 3 月 5 日

　【住　　　所】東京都千代田区麹町○丁目△番地

　【本　　　籍】東京都世田谷区成城○番

成年後見人

　【氏　　　名】山田　一郎

　【住　　　所】東京都渋谷区代々木○丁目△番□号

　【選任の裁判確定日】令和○年 7 月23日

　【登記年月日】令和○年 7 月31日

上記のとおり後見登記等ファイルに記録されていることを証明する。

　　　令和○年 9 月14日

　　　　　東京法務局　登記官　　　　　　　　法　務　八　郎　㊞

［証明書番号］　20□□-1234（1／1）

⑶　任意後見

①　アウトライン

　任意後見とは，元気なうちに自分が託したい人（任意後見人候補者）に，託したいことについての契約（**任意後見契約**）をしておき，判断能力が低下したときに契約の効力を発生させるというものです。

②　手　続

　任意後見契約は，**公正証書**で作成しなければなりません。また，任意後見契約の効力を発生させるためには，家庭裁判所に**任意後見監督人の選任**の申立てをする必要があります。

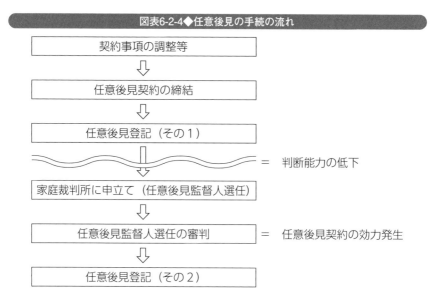

図表6-2-4◆任意後見の手続の流れ

契約事項の調整等

⬇

任意後見契約の締結

⬇

任意後見登記（その１）

⬇　　＝　判断能力の低下

家庭裁判所に申立て（任意後見監督人選任）

⬇

任意後見監督人選任の審判　　＝　任意後見契約の効力発生

⬇

任意後見登記（その２）

〈参照すべき法律〉
・民　法「第1編　総則」
　　　　　「第2章　人」
　　　　　「第3節　行為能力」（4条～21条）
　　　　「第4編　親族」
　　　　　「第5章　後見」（838条～875条）
　　　　　「第6章　保佐及び補助」（876条～876条の10）

・任意後見契約に関する法律

3. 登　記

(1)　事業承継との関係

　登記とは，一定の事項を広く社会に公示するために登記簿に記録することで，取引関係に入ろうとする第三者に対して権利関係や権利主体の内容をあらかじめ明らかにし，**不測の損害を防止**するための制度です。

　登記は法令の規定に基づき運用されており，法務省が所管し，法務局がその事務を行っています。

　事業承継の場面では，不動産登記と商業登記が特に重要になってきます。たとえば，現経営者が所有している社用地を自社が売買により取得した場合には不動産登記を，現経営者から後継者に代表者（代表取締役）が変更をした場合には商業登記を行うことになります。

(2)　不動産登記

①　法的効力

　不動産の所有権等の権利については，登記がなければ第三者に主張することはできません（**対抗要件**）。そして，登記をしないまま，他人が先に登記すると自らの権利が否定されてしまう場合もあり，ある意味"早い者勝ち"ということがいえます。

②　登記の編成・構成

　不動産の登記簿は，基本的に１つの土地・１つの建物ごとに編成されています。

　各不動産の登記簿は，不動産の物理的現況が記録される「**表題部**」，所有権に関する権利状況が記録される「**権利部（甲区）**」，所有権以外に関する権利状

記載例6-3-1◆不動産登記（土地）の登記事項証明書

表 題 部 (土地の表示)		調製	令和○年2月25日	不動産番号	0123456789123
地図番号	余白	筆界特定	余白		
所　在	新宿区西新宿○丁目			余白	

①地　番	②地　目	③ 地　積　㎡	原因及びその日付〔登記の日付〕
△番□	宅地	100:80	△番○から分筆〔平成○年3月6日〕

権　利　部（甲　区）（所　有　権　に　関　す　る　事　項）			
順位番号	登記の目的	受付年月日・受付番号	権利者その他の事項
1	所有権移転	昭和○年10月1日第22345号	原因　昭和○年3月1日相続　所有者　千代田区麹町○丁目△番地　　山　田　太　郎　順位番号1番の登記を移記
2	所有権移転	平成○年5月25日第54321号	原因　平成○年5月25日売買　所有者　新宿区西新宿○丁目△番□号　　株 式 会 社 Ａ Ｂ Ｃ 商 事

権　利　部（乙　区）（所　有　権　以　外　の　権　利　に　関　す　る　事　項）			
順位番号	登記の目的	受付年月日・受付番号	権利者その他の事項
1	抵当権設定	平成○年6月14日第56565号	原因　平成○年6月14日金銭消費貸借契約　　同日設定　債権額　金2,400万円　利息　年6％（年365日日割計算）　損害金　年14％（年365日日割計算）　債務者　新宿区西新宿○丁目△番□号　　株 式 会 社 Ａ Ｂ Ｃ 商 事　抵当権者　千代田区大手町○丁目△番□号　　株 式 会 社 帝 国 銀 行　　（取扱店　新宿支店）　共同担保　目録（ま）第3456号

QR
コード

　これは登記簿に記載されている事項の全部を証明した書面である。
令和○年6月20日
東京法務局新宿出張所　　　　　　　　　登記官　　　法 務 太 郎　　印

※　下線のあるものは抹消事項であることを示す。　　　　整理番号D3○○○○　　1／1

況が記録される「**権利部（乙区）**」で構成されています。

③ 登記できる権利

登記ができる不動産の権利としては，ⅰ）所有権と，使用するための権利であるⅱ）地上権，ⅲ）永小作権，ⅳ）地役権，ⅴ）賃借権，ⅵ）採石権（採石法），ⅵ）配偶者居住権が，担保権であるⅶ）先取特権，ⅷ）質権，ⅸ）（根）抵当権があります。

⑶ 商業登記

① 法的効力

登記すべき事項については，登記の後でなければ第三者に主張することができませんが，登記後であれば主張することができます。また，会社は設立の登記をすることによって成立します。

② 登記事項と登記すべき事項

株式会社の登記事項は会社法に規定されています。それらの登記事項に変更等があった場合には登記をする必要があります。その他，合併や解散等の法定された登記すべき事項が発生した場合にも登記が必要になります。

③ 登記期間

会社は，登記すべき事項が発生したときには**2週間以内**に登記を申請しなければなりません。それを怠った場合には行政罰である**過料**が科せられます。

記載例6-3-2◆商業登記（株式会社）の登記事項証明書

履 歴 事 項 全 部 証 明 書

東京都新宿区西新宿○丁目△番□号
株式会社ＡＢＣ商事

会社法人等番号	０○○○－０１－○○○○○○	
商　　　号	株式会社エービーシー	
	株式会社ＡＢＣ商事	平成□年４月１日変更
		平成□年４月１日登記
本　　　店	東京都新宿区西新宿○丁目△番□号	
公告をする方法	官報に掲載してする	
会社成立の年月日	昭和５０年　８月４日	
目　　　的	１．不動産の売買，賃貸，仲介及び管理に関する業務 ２．不動産に関するコンサルティング業務 ３．建築工事業 ４．前各号に附帯する一切の業務	
発行可能株式総数	１０００株	
発行済株式の総数 並びに種類及び数	発行済株式の総数 １０００００株	
株券を発行する旨 の定め	当会社の株式については，株券を発行する	
	平成１７年法律第８７号第１ 　　　　　　　３６条の規定により平成１８ 　　　　　　　年５月１日登記	
	令和○年４月１日廃止　　　令和○年４月８日登記	
資本金の額	金１０００万円	
株式の譲渡制限に 関する規定	当会社の株式を譲渡により取得するには，取締役会の承認を要する	

整理番号　　　セ４○○○　　　＊下線のあるものは抹消事項であることを示す。　　　1／2

東京都新宿区西新宿○丁目△番□号
株式会社ＡＢＣ商事

役員に関する事項	取締役　　　　山　田　　太　郎	平成○年6月29日重任
		平成○年6月30日登記
	取締役　　　　山　田　　太　郎	令和○年6月28日重任
		令和○年6月29日登記
	取締役　　　　佐　藤　　三　郎	平成○年6月29日重任
		平成○年6月30日登記
		令和○年6月28日解任
		令和○年10月29日登記
	取締役　　　　藤　田　　五　郎	令和○年6月28日就任
		令和○年6月29日登記
	取締役　　　　山　田　　一　郎	令和○年6月28日就任
		令和○年6月29日登記
	東京都千代田区麹町○丁目△番地 代表取締役　　山　田　　太　郎	平成○年6月29日重任
		平成○年6月30日登記
		令和○年6月28日退任
		令和○年10月29日登記
	東京都渋谷区代々木○丁目△番□号 代表取締役　　山　田　　一　郎	令和○年6月28日就任
		令和○年6月29日登記
	監査役　　　　佐　野　　花　子	令和○年6月28日就任
	（山　田　　花　子）	令和○年6月29日登記
	監査役の監査の範囲を会計に関するものに限定する旨の定款の定めがある	令和○年6月29日登記
支　店	1 千葉市中央区中央○丁目△番□号	
取締役会設置会社に関する事項	取締役会設置会社　　　　　　　　　　　　平成17年法律第87号第136条の規定により平成18年5月1日登記	
監査役設置会社に関する事項	監査役設置会社　　　　　　　　　　　　　平成17年法律第87号第136条の規定により平成18年5月1日登記	
登記記録に関する事項	令和○年6月29日千葉県柏市柏○丁目○番○号から本店移転 　　　　　　　　　　　　　　　令和○年6月30日登記	

これは登記簿に記載されている閉鎖されていない事項の全部であることを証明した書面である。

　　　　　令和○年　7月10日
　　　東京法務局　新宿出張所
　　　登記官　　　　　　　　　　　　　　　　　法　務　太　郎　　　印

QR
コード

整理番号　　セ4○○○　　　＊　下線のあるものは抹消事項であることを示す。　　2／2

〈参照すべき法律〉

・民　法（177条ほか）

・会社法「第7編　雑則」
　　　　　　「第4章　登記」（907条〜938条）

・不動産登記法

・商業登記法

4. 許認可

(1)　事業承継との関係

　日本は事業を行う際に国や地方公共団体による許認可（免許や登録を含みます。）が多いといわれています。ほとんどの許認可には法律上の要件が定められており，それを充足していなければ許認可は取得できませんし，その要件を欠いてしまいますと，許認可は失効してしまうことになります。

　事業承継の場面では，法律上の要件の中でも「人的要件」といわれるものに注意する必要があります。具体的には，現経営者は人的要件を充足していても，後継者がそれを充足していなければ，許認可は失効し，結果的に事業を継続できないことになってしまいます。

(2)　許認可と事業活動

　許認可を要する主な事業は【図表6-4-1◆主な許認可】のとおりです。また，多くの許認可は更新制をとっており，うっかり許認可の有効期間が過ぎてしまったりすると，許認可は失効し，結果的に事業を行うことができなくなってしまいます。

(3)　人的要件の充足

　事業承継の場面で重要になる「人的要件」について，「建設業許可」を例に見ておきたいと思います。

　建設業には，経営の経験者（経営管理責任者）と特定の技術者（専任技術者）という2つの人的な要件があります。前者は建設業の経営に一定年数，携わったことがある人ということになります。後者は一定の技術に関する試験の

合格者か，現場での業務に一定年数，携わったことがある人ということになります。

　たとえば，現経営者が自社の唯一の経営管理者であり，専任技術者であるような場合で，後継者がそれらを有していないとすると，現経営者が退任してしまいますと建設業許可は失効してしまいます。そこで，現経営者から後継者にバトンタッチする前に，後継者は自社の取締役に就任し，経営管理者の要件を充たしておく必要があります。また，技術に関する試験に合格するか，現場での業務に従事しておく必要があります。

図表6-4-1◆主な許認可

業種	種別	根拠法	所轄	有効期限（原則）
建設業	許可	建設業法	国土交通大臣または都道府県知事	5年
宅地建物取引業	免許	宅地建物取引業法	国土交通大臣または都道府県知事	5年
一般貨物自動車運送事業	許可	貨物自動車運送事業法	国土交通大臣	―
古物営業	許可	古物営業法	公安委員会	―
飲食店業	許可	食品衛生法	保健所	5年
旅館業	許可	旅館業法	保健所	―
有料職業紹介事業	許可	職業安定法	厚生労働大臣	3年
設計業（建築士事務所）	登録	建築士法	都道府県知事	5年

知っておきたい法律用語

　法律の用語には，一般的な用語とは異なる特殊な意味をもつものも少なくありません。そこで，注意すべき用語のうち，頻出するものを順不同で紹介しておきます。

【「推定する」／「みなす」】

　「推定する」とは法令上，一応そうしておこうというもので，反対の事実が証明（反証）された場合には，推定はくつがえることになります。

　「みなす（みなし）」とは，本来的には違うものだけれども法令上，同一の取扱いにしておこうというもので，反証は認められません。なお，それぞれの法令上の規定ぶりから「推定規定」や「みなし規定」というような言い方をすることもあります。

【「善意」／「悪意」】

　「善意」とは，ある事実を知らないことをいい，**「悪意」**とは，ある事実を知っていることをいいます。

【「無効」／「取消し」】

　「無効」とは，最初から法律上の効果が生じていないことをいいます。ですから，あとから認めて効果を生じさせたりすること（追認）はできませんし，どこまでいっても効力は生じません。

　「取消し」とは，取り消されるまでは有効であり，取り消されることによって，さかのぼって効力が失われます。

【「適用」／「準用」】

　「適用」とは，ある法令の規定を本来の対象にあてはめをすることをいいます。

　「準用」とはある法令の規定を本来の対象ではないものの似ている対象にあてはめをすることをいいます。なお，準用する場合に，元の法令について必要最低限の読み替えをすることがありますが，これを「読み替え規定」

というような言い方をすることもあります。

「又は」／「若しくは」

「又は」と「若（も）しくは」はいずれも選択の接続詞です。

たとえば、「Ａ，Ｂ又はＣ」となるとＡとＢとＣは並列の関係にあります。「Ａ若しくはＢ又はＣ」となるとＡとＢは並列の関係にあり、Ａ・ＢとＣが並列の関係にあります（つまり二段階の選択の関係です）。

「及び」／「並びに」

「及び」と「並びに」はいずれも併合の接続詞です。

たとえば、「Ａ，Ｂ及びＣ」となるとＡとＢとＣは並列の関係にあります。「Ａ及びＢ並びにＣ」となるとＡとＢは並列の関係にあり、Ａ・ＢとＣが並列の関係にあります（つまり二段階の併合の関係です）。

もう少し深く学びたいあなたへ

　最後になりますが，もっと事業承継（法）を勉強してみたいという皆さんに，参考となり，かつ信頼性の高いと思われるWEB情報と書籍等を紹介しておきたいと思います。なお，WEBアドレスが変更になる場合や，年度で改訂されるものもあります。

事業承継全般

・「経営者のための事業承継マニュアル」中小企業庁

　https://www.chusho.meti.go.jp/zaimu/shoukei/2017/170410shoukei.pdf

・「中小企業経営者のための事業承継対策（令和元年度版）」中小機構

　https://www.smrj.go.jp/ebook/2019_zigyosyokei/

・「連載　営業店のための「事業承継法」のみちしるべ」（第1回～第8回）

　鈴木龍介（週刊金融財政事情，2019年）

会社法関連

・「会社」日本司法書士会連合会

　https://www.shiho-shoshi.or.jp/consulting/corporation/

・『会社法（第2版）』田中亘（東京大学出版会，2018年）

民法関連

・「相続に関する審判」裁判所

　https://www.courts.go.jp/saiban/syurui/syurui_kazi/kazi_02_5/index.html

・「相続に関する調停」裁判所

　https://www.courts.go.jp/saiban/syurui/syurui_kazi/kazi_03_5/index.html

・「法定相続情報証明制度について」法務局

http://houmukyoku.moj.go.jp/homu/page7_000013.html

・「公証事務　遺言」日本公証人連合会

http://www.koshonin.gr.jp/business/b01/

・「法務局における自筆証書遺言書保管制度について」法務省

http://www.moj.go.jp/MINJI/minji03_00051.html

・『民法（全）（第2版）』潮見佳男（有斐閣，2019年）

税法関連

・「中小企業税制　（令和元年度版）」中小企業庁

https://www.chusho.meti.go.jp/zaimu/zeisei/pamphlet/2019/191010zeisei.pdf

・「事業承継税制特集」国税庁

https://www.nta.go.jp/publication/pamph/jigyo-shokei/index.htm

・『図解 相続税・贈与税（令和元年版）』中野欣治 編（大蔵財務協会，2019年）

・『図解 事業承継税制（平成31年2月改訂版）』松岡章夫・山岡美樹（大蔵財務協会，2019年）

信託関連

・「信託について」信託協会

https://www.shintaku-kyokai.or.jp/trust/

成年後見関連

・「成年後見制度について」裁判所

https://www.courts.go.jp/saiban/koukenp/koukenp1/index.html

・「成年後見制度〜成年後見登記制度」法務省

http://www.moj.go.jp/MINJI/minji17.html

登記関連

・「登記－商業・法人登記－」法務省

　http://www.moj.go.jp/MINJI/houjintouki.html

・「登記―不動産登記―」法務省

　http://www.moj.go.jp/MINJI/fudousantouki.html

許認可関連

・「許認可申請」日本行政書士会連合会

　https://www.gyosei.or.jp/information/service/case-approval.html

─法律を読み解くためのヒント⑦─

六 法

　そもそもの「六法」の意味は，日本における主要法律である**憲法・民法・商法・刑法・民事訴訟法・刑事訴訟法**の6つの法律を指します。

　一方で，これらの6つの法律を含むさまざまな法律を収録した書籍を一般的に「六法（全書）」と呼んでいます。六法には，何分冊にもなるものやハンディなもの，そしてある分野に特化したもの（たとえば『詳細登記六法』（金融財政事情研究会））など，いろいろなタイプのものがあります。また，紙（書籍）のタイプのものだけでなく，デジタル化されたものもあります。なお，好みの問題にはなりますが，初心者向きで手軽なものとしては『ポケット六法』（有斐閣）が，実務向きのものとしては『模範六法』（三省堂）があげられます。

　ちなみに，六法ではありませんが，法令を検索するということでしたら，総務省行政管理室が提供している「e-Gov法令検索」というサイトがあり，いつでも無料で法令を調べることができます。

　https://elaws.e-gov.go.jp/search/elawsSearch/elaws_search/lsg0100/

　いずれにしても，法律を学んだり，利用するには法令の条文にあたることが基本であり，最も重要です。そう意味で六法は必携のツールということになります。ちなみに法令はあらたに制定や改正がなされますので，六法も毎年更新されたものを入手すべきです。

索　引

編著者略歴

（編著者）

鈴木　龍介（すずき　りゅうすけ）

　司法書士／行政書士

　司法書士法人鈴木事務所　代表社員

　http://www.suzukijimusho.com/

　〈主な役職等〉

　・日本司法書士会連合会　司法書士総合研究所 主任研究員

　・リスクモンスター株式会社（東証2部）社外取締役（監査等委員）

　・日本登記法学会　理事

　・慶應義塾大学大学院法務研究科　非常勤講師

　・立教大学大学院法学研究科　兼任講師

　・日本大学商学部　非常勤講師：担当授業「事業承継法」

　〈主な著書〉

　・『与信管理入門（新版）－実務に活かせる55のポイント』（金融財政事情研究会，2019年）

　・『民法改正　ここだけ押さえよう！』（中央経済社，2018年）

　・『議事録作成の実務と実践』（第一法規，2017年）

　・『外国会社のためのインバウンド法務－事業拠点開設・不動産取引』（商事法務，2016年）

（著者）

秋庭　守（あきば　まもる）

　税理士

　秋庭税務会計事務所（東京税理士会所属）

　筑波大学大学院企業科学研究科博士前期課程修了

　〈主な役職等〉

　・税務大学校　非常勤講師

　・日本大学商学部　非常勤講師：担当授業「事業承継法」

「事業承継法」入門

2020年8月30日　第1版第1刷発行

編著者　鈴　木　龍　介

発行者　山　本　　　継

発行所　㈱中　央　経　済　社

発売元　㈱中央経済グループ
　　　　パブリッシング

〒101-0051　東京都千代田区神田神保町1-31-2
電話　03 (3293) 3371(編集代表)
　　　03 (3293) 3381(営業代表)
http://www.chuokeizai.co.jp/
印刷／三　英　印　刷　㈱
製本／㈲　井　上　製　本　所

©2020
Printed in Japan

＊頁の「欠落」や「順序違い」などがありましたらお取り替えいた
しますので発売元までご送付ください。（送料小社負担）
ISBN978-4-502-35931-6　C3032